SECTES, ÉGLISES ET RELIGIONS

« Espaces libres »

DU MÊME AUTEUR

Aux Éditions Albin Michel

L'Évangile de Thomas, 1986.
L'Évangile de Jean, 1989.
Écrits sur l'hésychasme, 1990.
L'Absurde et la Grâce (biographie), fragments d'une itinérance, 1991 ; coll. « Espaces libres », 1994.
Paroles du mont Athos, 1992.
Jean Cassien, introduction aux « Collations », 1992.
Évagre le Pontique, introduction à « Praxis et Gnosis », 1992.
Jean Chrysostome, introduction aux « Homélies sur l'incompréhensibilité » de Dieu, 1993.
Grégoire de Nysse, introduction à la « Vie de Moïse, être de désir », 1993.
Prendre soin de l'Être, les Thérapeutes selon Philon d'Alexandrie, 1993.
L'Enracinement et l'Ouverture, 1995.
Manque et plénitude, éléments pour une mémoire de l'Essentiel, 1994.
Paroles de Jésus, sélection et présentation, 1994.
La Vie de Jésus racontée par un arbre (conte), 1995.
Désert, déserts, 1996.
L'Évangile de Marie, 1997.
Les Livres des morts, 1997.

JEAN-YVES LELOUP

SECTES, ÉGLISES ET RELIGIONS

Éléments pour un discernement spirituel

Albin Michel

Albin Michel
▪ *Spiritualités* ▪

Collections dirigées
par Jean Mouttapa et Marc de Smedt

Première édition :

Le Fennec éditeur, 1996

Édition revue et corrigée :

22, rue Huyghens, 75014 Paris

ISBN : 2-226-09587-X
ISSN : 1147-3762

1

DU BON USAGE OU DE L'ABUS

Je suis un individu qui parle à d'autres individus, un individu qui, heureusement, sait un peu de quoi il parle.

En matière de sectes

Il m'a été donné de visiter et de demeurer auprès d'un certain nombre de leurs membres — qui ne se présentent d'ailleurs jamais comme étant d'une secte :

— la secte Moon, ou Eglise de l'unification mondiale ;

— la secte Krishna, ou la Religion de Krishna ;

— la secte de Scientologie, ou Eglise de Scientologie ;

— Osho Rajneesh ;

— les enfants de Dieu ;

— etc.

En matière d'Eglises

Il m'a été donné de m'engager dans l'Eglise orthodoxe, d'abord comme baptisé, puis comme prêtre.

J'ai également bien connu l'Eglise catholique romaine, puisque après ma formation philosophique et théologique, j'y suis resté comme père dominicain pendant plus de quinze ans et c'est dans ce contexte que me furent confiées un certain nombre de missions auprès de sectes dites dangereuses (cf. Appendice : « Dispute » avec les disciples de Moon).

En matière de religions

Bien qu'enraciné dans le christianisme, je me suis toujours intéressé à ce qui pourrait alléger ou délivrer l'homme de sa souffrance, et donner du sens à sa vie. Dans ce domaine, les religions orientales me semblèrent utiles et fécondes ; les ashrams hindous, les monastères zen ou les temples tibétains où j'ai séjourné furent souvent pour moi sources d'édification, ne serait-ce que par les pratiques méditatives qu'ils proposent et par la rencontre de leurs maîtres. Je pense à Maezumi Roshi, à Kalou Rimpotché ou au Dalaï Lama.

Ces dernières années, de nombreux voyages en Israël-Palestine me permirent d'approfondir mes connaissances du judaïsme et de l'islam, et les conflits qui en découlent. La rencontre de membres du Hamas, ou d'extrémistes israélites, me fit comprendre l'importance de l'herméneutique, c'est-à-dire de l'interprétation, des textes sacrés et de leur pluralité de sens, car c'est sur de tels textes qu'on se fonde pour tuer ; tuer avec bonne conscience au nom de Dieu ; tuer avec ce sourire étrange qu'on ne trouve que chez les criminels profondément religieux.

L'apprentissage de la lecture des textes religieux et de la pluralité de ces herméneutiques devrait, aujourd'hui, faire partie du bagage de tout diplomate… s'il veut faire œuvre de paix. Il ne s'agit plus, en effet, de guerre froide entre certains peuples, mais d'une guerre beaucoup plus subtile où les services secrets n'ont pas toujours le sens du sacré et de ses ambiguïtés ; de là leurs échecs lorsqu'il s'agit de prévenir certains attentats.

La diversité de ces expériences, et de ces rencontres, m'autorise et m'invite à aborder le thème Sectes, Eglises, religions. Non pas avec libéralisme (je ne sais pas trop ce que ce terme recouvre) mais avec circonspection, respect et esprit critique. Je ne suis pas *a priori* contre les sectes, les Eglises, les religions ; cet *a priori* est celui de certains rationalistes sectaires. Je ne suis pas dupe non plus des impasses, des dangers, où peuvent nous conduire certaines sectes, Eglises ou religions, si l'homme vient à y perdre son cœur, sa raison et sa liberté.

Je ne crains ni les sectes, ni les Eglises, ni les religions ; au contraire, pour beaucoup cela peut être des lieux d'apaisement, et l'occasion de communier avec d'autres personnes dans une même recherche de santé, de vérité, de beauté, et aussi — il ne faudrait pas l'oublier — de liberté. (Cette liberté qu'en termes religieux on appellera salut, libération ou éveil.)

Toutes les sectes comprennent des hommes et des femmes se trouvant dans cette quête, et le minimum de démocratie doit, avant de juger, prendre en considération — et sauvegarder — leurs droits comme leur liberté de pensée et de parole, sinon nous nous retrouvons en régime totalitaire, où l'unique secte ayant droit à l'expression est le parti dominant ; nous n'ignorons plus les crimes dont un tel régime est capable lorsqu'il veut imposer par la force légale la velléité de ses opinions.

En revanche, ce que je crains, c'est l'esprit sectaire, l'esprit fanatique, l'esprit d'exclusion ou de culpabilisation, de ceux qui, rongés par une angoisse bien compréhensible devant les incertitudes et les ambiguïtés de la condition humaine, affirment posséder la vérité et veulent l'imposer aux autres. Cela au détriment de l'intelligence la plus élémentaire face au réel, et du respect nécessaire lorsque ce réel a un visage, même si ce visage nous déplaît parce qu'il regarde dans une direction qui n'est pas la nôtre.

Avant de nous interroger sur le bon usage des Eglises, des sectes et des religions, nous nous demanderons, dans un premier temps, ce qu'est une religion. Quel est son fondement anthropologique et social ? Puis qu'est-ce qu'une Eglise ? Et enfin, qu'est-ce qu'une secte ?

Toutefois, parce que les définitions de ces groupes d'hommes et de femmes — et leurs doctrines — se recoupent, s'annulent, se complètent ou s'opposent, la question n'en finirait pas de devenir complexe. Nous n'entrerons donc pas dans les détails des sectes ou partis de type politique, thérapeutique, ou médiatique, nous nous bornerons aux sectes en tant qu'elles font référence au religieux.

DE L'« HOMO RELIGIOSUS »
AUX RELIGIONS

Avant de parler de religions, il faudrait d'abord s'interroger sur la dimension religieuse de l'être humain. C'est là une question anthropologique : l'homme est-il naturellement religieux? « Homo religiosus » ?

D'aucuns verront à l'origine de ce sentiment religieux dans l'homme une peur devant les forces de la nature et une façon de se les concilier à travers rites et sacrifices. D'autres diront que c'est l'expérience de la souffrance et du mal dans le monde, l'effort d'y donner un sens ou de s'en délivrer, qui est à l'origine des religions. D'autres encore remarqueront ce qui demeure insatisfait dans le désir de l'homme, comme s'il y avait en lui un désir d'infini que l'infini seul pouvait combler, avec la tentation de faire de cet infini un objet, une objectivation du Bien ou du Vrai, parfois aux dépens du Sujet capable de ce désir et de cette pensée. Ce désir qu'a « l'effet de connaître sa cause[1] » est rationnel et légitime ; reste à savoir si cette « cause première » nous aime, nous parle, est concernée par ce qu'elle crée ou produit. Cela déborde évidemment les données de la simple raison et relèvera de ce qu'on appelle la foi ou la révélation ; nous demeurons libres d'imaginer divers noms, habits ou oripeaux à ce « Rien du Tout dont Il est La Cause ». D'autres enfin placent à l'origine des religions l'expérience d'une Réalité qui transcende les réalités ordinaires spatio-temporelles et ouvre (ancre) la conscience dans une Autre Conscience. Rudolf Otto, C.G. Jung parlent alors d'une expérience du « numineux » qui à la fois nous attire et nous fait peur. Graf Dürckheim développera ce thème en évoquant les différents lieux où cette expérience peut se produire : dans la nature, l'art, la rencontre, le liturgique, mais aussi au cœur de crises existentielles graves ou douloureuses : maladies, accidents, folie, proximités parfois « numineuses » de la mort, NDE (Near Death Experience), etc.[2]. Toutes ces expériences prendront plus ou moins de valeur, et de valeur religieuse, selon le sujet qui les interprète et y discerne une intervention venue d'ailleurs.

1. Cf. les querelles du début du siècle entre les thomistes et Blondel. Le désir « naturel » de connaître Dieu serait le désir qu'a l'effet créé de connaître sa Cause increéée. Certains semblent ne pas être concernés par ce désir.

2. Cf. Jean-Yves Leloup, *Manque et plénitude*, éditions Albin Michel, voir le chapitre sur les anamnèses du numineux.

La première étape d'une réflexion sera de se demander comment interpréter avec discernement de telles expériences. Une fois établi le caractère transcendant de cette expérience, viendra ensuite une seconde question : comment se relier à cette transcendancc entr'aperçue ou imprimée en nous de façon fulgurante et décisive ? Nous nous trouvons ainsi face à ce qu'évoquent deux étymologies possibles du mot religion.

La première, du verbe *religare*, de *ligare* (lier, relier). Cette interprétation irait de Lactance et Tertullien à Kobbert, Ermond-Meillet, Pauly, Wissova, etc. La religion est alors ce qui nous relie, à travers spéculations, rites et dévotions, à un fondement ou à une origine tenue comme ultime et Absolu Réel.

La seconde étymologie possible serait le verbe *relegere*, de *legere* (cueillir, rassembler). Interprétation cicéronienne, qui se poursuit jusqu'à Otto, Hoffmann et Benveniste[1]. Etre religieux, dans ce sens, serait re-lire les événements, les interpréter, leur donner du sens, cueillir les intelligibles au cœur des existants et se recueillir sur « ce qui est ».

Cette façon de se relier à cet événement, à cette expérience de la transcendance, de la relire et de chercher à la réactualiser, va entraîner un certain nombre d'attitudes et de rituels qui, petit à petit,

1. Cf. Jacques Derrida et Gianni Vattimo, *La Religion*, éditions du Seuil, 1996, p. 47-48.

vont constituer ce qu'on appelle une « religion établie ». Nous pourrions prendre « les cinq piliers de l'islam » comme cinq référents fondamentaux qu'on retrouve dans la majorité des grandes religions.

La profession de foi, ou *chahada*, s'appellera ailleurs le Credo, le dharma, c'est-à-dire l'affirmation de ce qu'on tient pour vrai et que dans une formule courte, on peut se répéter aux moments vitaux de l'existence. C'est un résumé de la foi ; plus qu'un aide-mémoire : une mise en présence de ce qui oriente notre vie et notre désir.

La prière rituelle, avec ses rites de préparation : ablutions, orientations, participation du corps, avec ses prosternations, élévation des mains, gestes (mudras) symboliques ; et la récitation, lue, chantée, ou psalmodiée des versets d'une Ecriture tenue pour sainte ou révélée. Dans certaines religions, la prière proprement dite s'enrichit de parfums (encens), de musiques (uniquement vocales ou instrumentales). Elle devient alors « liturgie », participation de l'être entier, corps, âme, esprit, à l'adoration, à la louange, ou à l'intercession.

Le jeûne

On peut jeûner pour des raisons hygiéniques ou esthétiques, mais aussi pour faire mémoire d'une révélation (ramadan), d'un événement (carême) ou comme préparation du corps à recevoir des états non ordinaires de conscience (visions, prophéties, etc.).

L'aumône

L'aumône, légale dans les civilisations traditionnelles, a été aujourd'hui remplacée par l'impôt ; il s'agit de la participation de chaque membre d'une société ou d'une religion à l'entretien des plus démunis. D'un point de vue spirituel, elle n'est pas pratiquée d'abord pour le bien-être de celui à qui elle est destinée, mais pour le bien-être de celui qui la pratique : ouverture de l'intelligence et du cœur à la générosité ou magnanimité, comme qualités divinisatrices, illuminatrices, de l'être humain pathologiquement centré sur lui-même. Certaines religions interdisent l'usure : à celui qui est dans le besoin, on ne doit pas prêter avec intérêt, mais donner ce qui est nécessaire.

Le pèlerinage

Que ce soit à Jérusalem, à Rome, à La Mecque ou sur les rives du Gange, chaque pèlerinage exprime pour le pèlerin un retour aux sources de sa tradition. Pour lui, il s'agit de préserver les lieux et monuments de son identité. Les difficultés peuvent naître quand un même lieu est vénéré par plusieurs traditions, devenant l'objet d'interprétations diverses ou divergentes (cf. Jérusalem).

Malheureusement, dans certaines religions, à ces cinq piliers il faudrait en ajouter un sixième :

La guerre sainte — jihad, ou croisade, peu importe le nom — est considérée comme « effort sincère pour détruire les infidèles et transmettre la vraie foi » ! Infidèles par rapport à qui, à quoi ? A ce que nous considérons comme seul juste, vrai et bon, dans un lieu, un milieu, une tradition donnés... La fausse foi est celle qui prie, aime, vénère et sert autrement cette Réalité qu'on s'empresse pourtant de qualifier d'Unique.

« L'homme combat pour le butin, l'homme combat pour la gloire, l'homme combat pour qu'apparaisse la supériorité de sa vaillance...

Quel est celui qui combat dans la voie de Dieu ?

Celui qui combat pour que soit exaltée la parole de Dieu, celui-là est dans la voie de Dieu[1]. »

Qui pourrait reprocher à un être humain d'aimer ainsi son Dieu ? Les crimes perpétués au nom d'un Absolu, proclamé comme tel par des êtres relatifs, sont innombrables. Au lieu d'être jugés par les tribunaux, ils sont souvent exaltés et canonisés :

« Ne dites pas que ceux qui sont tués dans la voie de Dieu sont des morts. Non, ils sont vivants, mais vous ne comprenez pas » (Cor. II, 49).

Nul ne peut nier que c'est la même Lumière qui éclaire le berceau et qui fait fleurir la tombe. On

1. Hadith, parole attribuée au prophète Mohammed.

peut préférer offrir ces fleurs-là à des vivants plutôt qu'à des morts, mais que peut-on offrir à des criminels qui s'appuient sur leurs Ecritures sacrées pour tuer avec bonne conscience, attribuant à Dieu lui-même la responsabilité de leurs crimes :

« Ce n'est pas vous qui les tuez, c'est Dieu ; quand tu lançais [un trait] ce n'est pas toi qui le lançais, c'était Dieu... » (Cor. II, 212).

Il faut aussi rappeler que dans diverses traditions, la véritable « guerre sainte » est celle que l'on doit exercer contre ses mauvais penchants, plus que sur ses voisins. De nouveau, redire que le texte est livré à notre interprétation !

Il faudrait également s'interroger sur ceux et celles qui sont à l'origine d'une religion donnée, et remarquer que jamais « Dieu ne parle en direct » mais à travers un être humain — médium, sage, messie ou prophète — et que cet être humain a un inconscient personnel, familial, collectif, puisqu'il parle et que la parole suppose un langage donné, donc une structure dans laquelle va s'engager et se limiter l'information, quelle que soit sa source. Il s'agira de faire la part de l'information reçue et la part du récepteur de cette information, avec ses désirs, son idéologie, et quelquefois ses pathologies (cf. chap. II).

Cet ensemble d'Ecritures (révélées ou inspirées), de rites, de lois, d'exercices qui constituent une religion, va être géré par des hommes, généralement hiérarchisés, remplissant un certain nombre de fonctions d'autorité et d'obéissance. On en arrive ainsi à la constitution d'une société ou d'une institution qu'on appellera Eglise, Sangha, Synagogue ou communauté, plus ou moins structurée de croyants.

LES ÉGLISES

Le mot église en français vient du grec *ekklesia*, du verbe *ek-keleia*, c'est-à-dire convoquer. Il s'agit d'une assemblée de citoyens convoqués par le héraut pour la gestion des affaires publiques [1].

Dans la Septante [2], *ekklesia* traduit le mot hébreu *qâhâl* et désigne le rassemblement du peuple d'Israël convoqué par Moïse au moment de l'Alliance.

« Maintenant si vous écoutez ma voix et gardez mon alliance, je vous tiendrai pour mon bien propre parmi tous les peuples, car toute la terre est à moi. Je vous tiendrai pour un royaume de prêtres, une nation sainte. Voilà les paroles que tu diras aux israélites.

Moïse convoqua les anciens au peuple et leur exposa tout ce que YHWH lui avait ordonné [3]. »

---

1. Cf. assemblée d'Ephèse, Ac 19, 32.
2. Traduction grecque du premier Testament.
3. Ex 19, 5-7.

Il s'agit là d'une convocation, il s'agira ensuite d'un rappel[1] de ce rassemblement, et des enseignements qui y ont été transmis.

L'Eglise est bien un rassemblement structuré pour un mémorial, une étude, une célébration, une proclamation publique. Certains se sont interrogés sur les désirs des sages, des prophètes et de Jésus en particulier, concernant la fondation d'une Eglise, et y ont vu, de la part des prêtres, une sorte de récupération aliénante d'un message sapiential et prophétique qui ne saurait se laisser encadrer par aucune institution. D'où la question : Jésus a-t-il fondé une Eglise ?

Lui-même vivait religieusement, c'est-à-dire relié à « l'Etre qui est ce qu'Il Est » : YHWH, qu'Il appelle son Père, ou *Abba*, ce qui implique une intimité non seulement intellectuelle mais cordiale avec la Source et l'Origine de son être. Par ailleurs, Il pratiquait la religion de ses parents — prières, rituels, pèlerinages, etc. — et Il divulgua son enseignement d'abord dans les « assemblées » ou synagogues de son peuple, avant de le répandre « en plein air », au bord du lac de Tibériade, ou sur les collines de Galilée.

Extérieurement, son comportement n'est pas celui d'un ultra-orthodoxe. Il semble davantage attaché à l'Esprit qu'à la lettre de sa religion ; ce qui le conduira à guérir des malades certains jours de Shab-

1. Lc 23, 3.

bat et à prendre d'autres libertés qui ne plaisaient pas aux maîtres et docteurs de l'époque. Il leur rappelait que « la loi a été faite pour l'homme, et non l'homme pour la loi ». Concernant notre sujet, on pourrait le paraphraser ainsi : « Les religions, les Eglises, ont été faites pour l'homme, et non le contraire... »

Durant sa vie mortelle, Jésus se comporte comme un « enseigneur » ; il groupe et éduque un certain nombre de disciples auxquels il transmet des informations, leur permettant d'entrer dans ce qu'Il appellera le Royaume[1], c'est-à-dire le règne de l'Esprit et non plus le règne de l'inconscient avec son cortège d'attractions et de répulsions liées aux mémoires qui nous composent ; le Royaume de la liberté qui passe par un déconditionnement — et non un oubli — du passé...

Il leur apprend à préférer le service aux préséances (Mc 9, 35), à donner la priorité aux exclus, aux « brebis perdues » (Mt 10, 6), à ne pas craindre les persécutions et les jugements d'autrui, à être libre de toutes formes de projection (Mt 10, 17) ; à se réunir en son Nom pour prier (Mt 18, 19), à se pardonner mutuellement (Mt 18, 21-35), à ne pas exclure ou excommunier ceux que l'on tient pour des pécheurs publics (Mt 18, 11-18). Sa proximité des femmes parfois

---

1. Cf. Mt 13, 10-17.

étonne, et même scandalise[1], et c'est à l'une d'elles qu'il révèle ce qui est pour Lui la vraie religion, non dépendante d'un lieu de culte particulier, ou d'une terre considérée comme sainte par un groupe d'hommes particulier. Ce sont les hommes saints qui feront la terre sainte, et non l'inverse :

« Crois-moi, femme, l'heure vient où ce n'est ni sur cette montagne ni à Jérusalem que vous adorerez le Père. Nous, nous adorons ce que nous connaissons, car le salut vient des juifs. Mais l'heure vient, et c'est maintenant où les véritables adorateurs adoreront le Père dans le souffle et la vigilance (*en pneumati kai aletheia*), car tels sont les adorateurs que cherche le Père[2]. »

Jésus ne renie pas son judaïsme. Pour Lui, le salut passe à travers cette forme héritée et reçue avec gratitude de son environnement, mais Il n'impose à personne cette forme particulière. L'essentiel est pour Lui dans la proximité du Souffle et de la Conscience, à travers lesquels le Père nous engendre à la Vie.

D'après les quelques passages cités, nous pourrions dire que, dans l'Esprit de Jésus, l'Eglise devrait être :

---

1. La Samaritaine, la femme adultère, Myriam de Magdala.

2. Cf., sur la Samaritaine, les commentaires de Jean-Yves Leloup in *L'Evangile de Jean*, éditions Albin Michel, coll. « Spiritualités vivantes ».

— un lieu de transmission d'une information, visant à nous faire passer du vieil homme (vieilles programmations inscrites dans notre paléo-encéphale) à un homme nouveau, capable d'ordonner et de gérer une société nouvelle ;

— un lieu de service ;

— un lieu de compréhension ;

— un lieu de pardon mutuel.

Certains diront qu'il s'agit là d'une utopie qui ignore ce qu'il y a de plus pervers et de plus mauvais dans l'homme. A ce propos, Ieshoua ne se fait aucune illusion, mais il ne se laisse pas non plus aller à la désespérance. Quelle que soit la situation de l'homme — péché, maladie, folie, révolte ou indifférence —, Il l'invite à se relever, et à se remettre en marche, stimulé par l'affection sans feinte et sans calculs de ses frères.

Après la mort et la résurrection de Celui que les disciples reconnaissent désormais comme « Celui qu'annonçaient les prophètes », l'Eglise va prendre une autre forme ; Celui qui l'inspire n'étant plus dès lors à l'extérieur de « ceux qui marchent avec Lui », mais à l'intérieur, les animant du dedans, à travers les impulsions de leurs désirs, volontés et actes aimants, intelligents. Les Actes des Apôtres nous parlent ainsi de la première communauté chrétienne : « Ils se montraient assidus à l'enseignement des apôtres, fidèles à la communion fraternelle, à la fraction du pain, et aux prières » (Ac 2, 42).

Mais plus que le Christ, l'Esprit-Saint est considéré par la tradition chrétienne comme le fondateur des Eglises [1]. C'est cette flamme, descendue sur chaque apôtre en particulier, qui va le rendre capable de sortir de ses peurs, de parler, et de fonder une communauté autour des enseignements qu'il a reçus, et qu'à son tour il transmet. Le feu est un, mais les flammes sont multiples.

Normalement, le christianisme devrait témoigner de cette unité dans la diversité, sans sombrer dans les impasses qui furent, et sont encore, les siennes : uniformité (catholicisme romain) et exclusivisme (orthodoxie). A l'origine, l'Eglise est une communion d'Eglises fondées sur les apôtres : Jacques pour l'Eglise de Jérusalem, Jean pour l'Eglise d'Ephèse, Thomas pour l'Eglise de Madras, Marc pour l'Eglise d'Alexandrie, Pierre et Paul pour les Eglises d'Antioche puis de Rome. Chacune de ces communautés avait pour fonction de rappeler les enseignements, faits et gestes de leur rabbi, maître et enseigneur Ieshoua de Nazareth, avec qui ils avaient mangé, bu, marché, souffert; qu'ils ont vu crucifié sous le règne de Ponce Pilate, et qu'ils sentent désormais ressuscité, vivant au milieu d'eux, les animant par Son Esprit, et les invitant à incarner dans le monde les qualités divines que Lui-même a incarnées.

Le drame des Eglises, disait Gurdjieff, « est

1. Cf. Ac 2.

qu'elles ne savent plus qu'elles sont des écoles », des lieux où se transmet de l'information. Information créatrice et divinisatrice, non seulement à travers les textes, mais à travers les gestes signifiants des initiations (cf. le baptême et les différents rituels de l'initiation chrétienne). Les Eglises pouvaient être des lieux où l'homme se divinise, où l'homme se fraternise, mais beaucoup d'entre elles vont se comporter comme des sectes, c'est-à-dire briser la communion des unes avec les autres, et devenir ainsi des lieux où l'on se « diabolise », et où l'on « s'ennemise » (cf. les guerres entre catholiques et protestants en Occident, le comportement des chevaliers du Saint-Siège lors du sac de Constantinople, qui faisait dire aux chrétiens orthodoxes qu'ils préféraient le joug musulman à celui de leurs « frères en Christ »).

Les querelles de clocher n'ont pas toujours la bonne humeur de don Camillo. Les historiens connaissent mieux aujourd'hui le sang qui débordait de certains bénitiers. Quoi qu'il en soit, les Eglises vont se développer, se compromettre plus ou moins avec les pouvoirs politiques en place, et chacune donnera naissance à un nombre plus ou moins considérable de sectes.

LES SECTES

Il convient de rappeler que le mot secte ne fut pas d'abord employé dans un sens péjoratif. Comme pour le mot religion, différentes étymologies sont possibles.

Le latin *secte-sete-secta* indique une manière de vivre, une ligne de conduite politique, une école philosophique, puis religieuse. Au XIIe siècle, on fait dériver le mot secte de *sequi* : suivre. Une secte est un rassemblement d'hommes et de femmes qui suivent un enseignement, une personne. C'est à partir de 1525 qu'à cette étymologie, on a préféré le latin *sectio-sectum*, du verbe *secare* : couper.

Désormais la secte sera considérée comme un groupe constitué, qui se sépare d'une Eglise pour soutenir des opinions théologiques particulières, une école ou un groupe de personnes qui professent la même doctrine, généralement contre des doctrines plus fortement instituées. Ainsi, faire « secte », c'est se distinguer, se différencier par des opinions particulières et des modes de vie que ces opinions inspirent et qui ne concernent pas toujours un consensus environnant, politique ou religieux.

Mais ce n'est que vers le XIXe siècle que le terme sectaire, partisan d'une doctrine, va prendre son aspect le plus péjoratif, jusqu'à signifier l'intolérance ou l'étroitesse d'esprit. Que ce soit en politique, en religion ou en philosophie, on parlera désormais de sectarisme. Le XXe siècle finissant en fera particulièrement ressortir les impasses et les dangers.

Quand y a-t-il phénomène sectaire ?

Il y a sectarisme lorsqu'on est en présence d'une conscience d'appartenir à un groupe détenant le monopole de la vérité et du salut. Certains y verront un facteur de sécurisation. La sécurité n'est certainement pas le bonheur, mais elle est de première nécessité pour des tempéraments angoissés. On est alors prêt à sacrifier sa liberté pour obtenir, si ce n'est la Réalité, au moins une promesse de certitude et de sécurité.

Il y a sectarisme lorsqu'un groupe se considère comme autosuffisant. Il n'y a de contact avec les autres que pour les convertir, ou les assimiler. Certains y verront un facteur de cohésion affective de type schizophrénique.

Il y a sectarisme lorsque la primauté est donnée aux principes ou à la doctrine, et à son interprétation authentique sur les personnes. « Entre ton arme et le visage d'Itzhak Rabin, mets les versets de la Thora [l'Ecriture sainte] et tu viseras juste», disait un rabbin à Yigal Amir.

On se sert de l'Ecriture, on ne la sert plus ; elle est utilisée comme un voile qui fait oublier le visage de l'homme, alors qu'elle fut écrite pour le révéler. Ce qui prime, c'est la lettre identifiée à la volonté de Dieu, et la lettre tue. Certains y reconnaîtront une rigidité doctrinale et disciplinaire de type paranoïaque.

Un des éléments importants permettant de reconnaître une secte est le décalage entre la fin annoncée et les moyens employés. La fin annoncée est toujours la même, toujours noble. Que ce soit dans une Eglise, une secte, un parti, une religion, c'est la Paix, l'Amour, la Connaissance, une nouvelle ère de bonheur...

Mais dans les moyens employés, on remarquera des pressions sur les personnes, et des conditionnements affectifs provoquant une transformation de celles-ci. Jean-François Mayer [1] souligne l'ambivalence de ces « transformations de la personnalité » en citant la lettre d'une mère affectée par l'adhésion de son fils à un groupe contesté. Elle tente avec beaucoup d'honnêteté de dresser un bilan :

« Le changement de vie chez X comporte autant de raisons de se réjouir que de souffrir. Il ne fume

---

1. Jean-François Mayer, *Sectes nouvelles*, éditions du Cerf, p. 90.

plus (il touchait même parfois au haschich), il ne prend plus de loisirs. En dehors de son temps de travail, il va aux réunions, il apprend l'anglais dans le cadre du mouvement, il est soucieux de sa mise, de son aspect extérieur. Lorsqu'il vient à la maison, il ne participe que peu aux conversations, et au bout d'un moment il va lire dans son coin. Il n'écoute plus de disques, on lui a dit que cela était vain. Je dresse volontairement cette liste sans ordre, mêlant positif et négatif, mais à mes yeux, une chose valable poussée à l'extrême peut devenir aberrante. Cependant, il faut bien le dire, X semble heureux… Pendant des semaines j'ai espéré qu'il reviendrait déçu, me disant qu'il s'était trompé. J'accepte aujourd'hui de comprendre que tout cela n'est pas aussi simple. »

Cette lettre résume la complexité du problème. Cette mère, croyante, comprend que cette transformation de personnalité est le résultat d'une expérience de conversion. Dans de telles circonstances, ce ne sera pas forcément l'hypothèse retenue par les proches. Peut-être élaboreront-ils plutôt une explication que l'on peut schématiser ainsi :

— mon fils (ma fille, un membre de ma famille) a embrassé une religion « bizarre » ;

— seuls des gens naturellement « bizarres » seraient attirés par une telle religion ;

— de toute évidence, mon fils (ma fille, un membre de ma famille) n'est pas une personne naturellement « bizarre » ;

— donc, il (ou elle) a dû être trompé (e), ou subir un lavage de cerveau[1].

Un des moyens employés — le plus souvent cité — dans le conditionnement sectaire est la coupure ou la rupture avec la société et la famille d'origine. Mais là aussi ce n'est pas si simple ; cette rupture est un thème que l'on retrouve dans les grandes traditions. Il n'est pas inutile de citer un long passage (extrait d'un discours de Won Pil Kim à des moonistes) qui éclaire l'arrière-plan d'un comportement à première vue choquant, et difficile à comprendre :

« Supposez que nous ayons pris la détermination de vivre pour Dieu, mais que nos parents ou amis bien-aimés ne puissent comprendre ce que nous faisons. En pleurant, ils viennent nous persuader ; nos esprits (*minds*) faiblissent alors et nous décidons de retourner vers eux, laissant la volonté de Dieu et tout le reste derrière. Quand un tel membre vous demande s'il devrait ou non visiter ses parents pour quelque temps, vous aussi pouvez faiblir et ne pas savoir comment le guider. Parfois, nous ne savons pas ce qu'est un sentiment humain et ce qu'est un sentiment divin. S'il n'y avait eu la chute, un sentiment humain serait le même qu'un sentiment divin. Cependant, à

1. « The Role of Anecdoctical Atrocities in the Social Construction of Evil », in David G. Bromley et T. Richardson éd., *The Brainwashing Deprogramming Controversy*, New York-Toronto, Edwin Muller Press.

cause de la chute, ils sont différents. Tout d'abord, nous devrions restaurer la relation avec Dieu, et ensuite avec les hommes. Pour cette raison, il y a deux mille ans, Jésus nous a dit d'abandonner nos parents, époux ou épouses et enfants bien-aimés, afin de le suivre... Il nous a dit de l'aimer plus que tout autre. La relation de cœur avec Jésus est un sentiment céleste et la relation de cœur avec les parents, frères et sœurs physiques est un sentiment humain. “M'aimer plus que tout autre” signifie que nous devons placer le sentiment divin avant le sentiment humain.

[...] Nous devons d'abord séparer un sentiment humain entaché par la chute et le rendre parfait en le reliant avec un cœur divin. [...] Au début de notre Eglise [en Corée], nous nous séparions complètement de nos parents, de la société, de tout; nous pensions que les parents et frères et sœurs physiques étaient comme Satan. Après 1960, Père [le révérend Moon] nous a instruits de reformer des relations avec notre parenté. Pour moi, ce fut un gros travail, car j'avais complètement coupé toutes mes relations avec ma parenté. Maintenant, je vois que le but originel de la rupture des relations est de les restaurer. Nous devrions nous séparer de tout afin d'unifier les choses à nouveau... Afin de devenir des hommes de Dieu, nous devons passer par une période de séparation sévère [1]. »

---

1. Won Pil Kim, *Fathers's Course and our Life of Faith*, Londres, HSAUWC Publications, 1982, p. 81-82.

Jean-François Mayer ajoute : « Ce raisonnement peut paraître bizarre aux yeux de quelqu'un qui ne connaît guère la théologie unificationniste, mais il a sa cohérence. Il montre surtout que la séparation est un moyen, et non une fin ; que le sacrifice (provisoire) des relations familiales est conçu comme un dur (mais nécessaire) chemin pour réaliser un dessein plus élevé [1]. »

Faut-il rappeler que dans certains ordres religieux, chrétiens ou non chrétiens (bouddhistes par exemple), le renoncement à la famille est quelque chose de simple et d'évident, à condition qu'il soit librement consenti par la personne intéressée. Mais il ne se fait pas toujours avec l'accord de cette famille qui, de nouveau, évoquera le conditionnement et le lavage de cerveau.

Il conviendrait d'étudier davantage les moyens par lesquels une personne se rend dépendante d'une doctrine, d'un milieu, ou d'une autre personne. Il peut exister une dépendance matérielle, financière, celle que connaissent ceux qui ont fait vœu de pauvreté, ou ceux qui ont été habilement invités à remettre leur héritage « entre des mains sûres et bénies » ou à se délivrer des vanités, « des fausses richesses de ce bas monde ».

Dans les sectes, c'est librement qu'on lègue sa fortune ou son héritage, mais la question demeure : en cas de changement d'avis ou de mise au jour de

1. Jean-François Mayer, *op. cit.*, p. 93.

manipulations frauduleuses, pourra-t-on récupérer ce qu'on a donné ? On vous répondra que ce qui est donné est donné ! Surtout ce qui est donné à Dieu ! Même si ce sont de supposés « vicaires » qui en profitent !

Dans tous les cas, que ce soit dans un couvent catholique romain, dans un monastère orthodoxe ou dans une secte, sauf cas exceptionnel, les biens donnés demeurent irrécupérables. Que ces biens soient de l'argent, des terres, de l'immobilier ou un temps de travail ardu et bénévole.

Cette dépendance financière ne manque pas toujours de charme : elle dispense de gérer ses propres biens, elle est exonérée d'impôts et vous aide à redevenir des enfants, insouciants des contingences de ce monde « mauvais ». La secte tient lieu ici de parents, dont la bienveillance affichée cache parfois de sinistres calculs. Mais la dépendance est ailleurs, elle est affective et intellectuelle.

Dostoïevski, dans sa *Légende du grand inquisiteur*, nous rappelle l'amour et la reconnaissance que nous pouvons avoir envers ceux qui nous « délivrent du fardeau de notre liberté ». Comme tous les grands inquisiteurs, les petits gourous ne veulent que notre bien, et pour cela ils ne nous demandent pas grand-chose : le sacrifice de notre ego, dont nous ne sommes pas bien sûrs qu'il existe, et que les bouches les plus sages n'ont pas fini de taxer d'illusion. Sans doute tout cela est-il vrai, mais pour renoncer à son ego encore faut-il en avoir un ; pour pouvoir donner sa vie, encore faut-il en avoir une, et bien vivante, sinon, que vaut notre don ?

La famille, l'éducation et la société ne nous préparent pas toujours à une autonomie qui nous rendra capables de don. A l'école, apprenons-nous à penser par nous-mêmes, ou à répéter ce que d'autres ont dit ? Sommes-nous formés à développer un esprit critique qui nous rendra capables de résistance, si ce n'est de discernement, devant des affirmations scandées comme des slogans, ou susurrées dans des vapeurs d'encens ?

L'homme n'aime pas toujours être libre, il aimerait être dispensé de penser par lui-même ; qu'on lui dise une fois pour toutes ce qui est bien et ce qui est mal. Il n'y aurait plus qu'à obéir et à connaître le bonheur. La plus grande force de tous les inquisiteurs est dans notre démission. Dans les sectes, comme ailleurs, c'est cette alliance morbide du bourreau et de la victime qu'il s'agit de dénoncer. N'est-ce pas sur le même écran, dans la même heure, que nous entendons des commentaires horrifiés sur les manipulations sectaires, et des allusions émerveillées aux plaisirs secrets du sadomasochisme !...

Différentes explications du phénomène des sectes ont été proposées : sociologiques, économiques, psychologiques. Elles sont suffisamment connues pour qu'il ne soit pas nécessaire de s'y attarder. On verra dans le phénomène des sectes une manifestation de la crise de la civilisation, éclatement des cultures reçues, des ordres établis. On y verra encore l'expression symbolique d'un refus ou d'une rupture avec le réel. On fera entrer les sectes, à la suite des Eglises et des religions, dans la catégorie « névroses de l'humanité » (Freud) en évoquant parfois une « névrose originelle », ou angoisse existentielle, qui empêcherait l'homme de s'accepter dans les absurdités de sa condition mortelle. Cela ne pouvait mener qu'à des « conduites d'évasion », refuges dans des groupes tenant lieu de « niches » ou d'abris devant le réel.

On remarquera aussi, dans certaines sectes, des phénomènes de compensation liés à un manque de maturité ou d'études ; on prétend posséder une connaissance secrète et des pouvoirs qui rendent supportables notre fragilité et les humiliations dont nous avons parfois été l'objet. Il y a aussi ces recherches maladives de titres, de costumes et de cérémonies chez les adeptes de quelque huit cents ordres du Temple : Souverains, Solaires, Rénovés, etc.

Il ne s'agit pas encore vraiment d'explication ni d'interprétation. Dire à quelqu'un qu'il est malade ou névrosé n'est pas encore en prendre soin, ni le guérir, ni le comprendre ; et il y a des risques d'amalgame : dès que deux ou trois personnes vont se réunir pour réfléchir, prier, se stimuler dans leur quête de vérité, faudra-t-il tout de suite parler de groupes de névrosés, de sectes, et appeler alors la police ou l'hôpital, comme cela a pu se faire dans certains pays totalitaires ?

Avec son consensus, son anthropologie, sa façon de considérer l'être humain, ses droits, ses devoirs, et de l'imposer à tous, notre société n'est-elle pas elle-même une secte ? Il s'agit souvent d'une vision réductrice, éborgnée, de l'être humain, qui ne prend pas en considération sa profondeur, sa dimension essentielle. La puissance castratrice de notre société n'est pas d'ordre sexuel mais spirituel.

Notre société est la secte de Procuste, ce brigand qui ajustait les passants à la longueur de son lit, étirant les petits, et coupant les pieds des plus grands. Une société qui ne serait pas une secte accepterait dans son lit les petits et les grands, chacun ayant le droit d'avoir sa taille, comme il doit avoir le droit d'aimer, d'être intelligent à sa façon, de croire et de prier selon son inspiration. La secte de Procuste est celle qui veut que tous obéissent à une certaine conception du monde, à une certaine représentation du réel, et qui impose « sa » vérité comme « la » vérité ; la seule, l'unique.

Alors que l'Un se plaît à s'épanouir, à fleurir dans le multiple. Nous sommes de sectes, d'Eglises et de religions différentes, pour nous stimuler vers le Bien et non pour nous détruire les uns les autres. Basile de Césarée, un Père de l'Eglise, nous rappelle que c'est la même eau, fraîche et féconde, qui tombe sur le champ, afin que fleurissent rouge le coquelicot, rose la rose, bleu le bleuet… L'Unique donne à chacun sa couleur afin que nous élevions vers Lui un bouquet de louanges différenciées.

Nous avons sans cesse à sortir des impasses ou des ornières que sont sectarisme et syncrétisme. Il ne s'agit ni de tout mélanger ni de tout opposer. Etre enraciné dans sa tradition, ouvert aux autres traditions. De son enracinement et de son ouverture dépend la santé de l'arbre, ni sclérose ni dispersion ; de son enracinement et de son ouverture découle la santé de l'homme.

De toutes ces informations et réflexions, pouvons-nous tirer quelques phrases simples qui nous aideraient au discernement ?

D'abord une question : est-ce que l'association, la secte, le parti, l'Eglise, la religion dans laquelle je me trouve actuellement me rend :

— plus intelligent ?
— plus aimant ?
— plus vivant ?
— plus libre ?

Plus intelligent ?

L'institution dans laquelle je me trouve ne pense-t-elle pas à ma place, ne me dicte-t-elle pas ce qui est bien, ce qui est mal ? Stimule-t-elle plutôt ma propre pensée ? Suis-je appelé à développer, à poursuivre la pensée de l'orateur, à débattre et à questionner son enseignement, ou est-ce que je deviens perruche ou perroquet à qui on ne demande que de répéter avec foi ou conviction la leçon ?

Ne m'impose-t-on pas un catéchisme, c'est-à-dire une lecture particulière de l'Ecriture sainte? Suis-je invité à une lecture multidimensionnelle des textes sacrés, ou seulement à une interprétation de la parole comme étant « la » parole?

Prenons par exemple le livre de l'Exode, au chapitre 17, verset 16, où il est dit qu'Amaleq est l'ennemi d'Israël que YHWH demande de détruire. Pris à la lettre, ce verset de l'Ecriture va servir à justifier le crime. Il a été utilisé par Baruch Goldstein lorsqu'il a tiré sur les musulmans en prière au caveau des patriarches à Hébron; il a également été utilisé par Yigal Amir contre son propre frère, Itzhak Rabin... Tant que « l'ennemi c'est l'autre », il y aura toujours des fusils pour l'exécuter.

Si nous proposons, à côté de la lettre, une lecture plus symbolique de ce texte, nous trouverons peut-être une bombe à désamorcer. Le mot *Amaleq*, dans la guématria, a la même valeur numérique que le mot *safek* — le doute — (chiffre 240). Ce qu'il faut détruire en nous serait donc le doute; retrouver la confiance originelle. Voilà une interprétation moins destructrice.

Bien sûr, on pourrait prendre des exemples dans l'Evangile, ou dans le Coran. La véritable *jihad*, guerre sainte ou croisade, est celle qu'on engage avec soi-même, avec son ombre.

Tant que cette ombre n'est pas reconnue en nous-mêmes, et les Ecritures sont là pour la démasquer et l'éclairer, on la projettera à l'extérieur, et sur l'autre. C'est tout le mal qu'on n'aura pas reconnu en soi-même qu'on cherchera à abattre.

Au commencement de cet exposé, nous évoquions les liens de la diplomatie et de l'herméneutique. Un travail immense reste à faire dans ce domaine, car l'avenir de certains pays, le sort de certaines villes (Jérusalem en particulier) dépendent de l'interprétation que les responsables politiques donneront des textes fondateurs de leur civilisation ou de leurs sociétés.

Plus aimant?

Il y a des communautés d'hommes et de femmes qui d'abord séduisent par leur chaleur, leur gentillesse, leur attention, auxquelles peuvent être particulièrement sensibles ceux qui en ont manqué, et qui se retrouvent seuls, en situation instable (chômage, rupture avec un proche...). Puis, petit à petit, cette « gentillesse » se fait plus exigeante. Ils se retrouvent avec des « dettes affectives » à l'égard de ceux qui disent les avoir accueillis au moment de la détresse, et leur avoir « sauvé la vie ».

Ils se sentent coupables de leur manque de gratitude et de reconnaissance; peu à peu la dépendance s'établit, et avec la dépendance, la crainte... Crainte de faire mal aux membres de la communauté, d'être mal jugés par eux; puis crainte de ceux du dehors. Peur de la contamination par les impurs, les non élus, les hérétiques. Peur de ceux qui ne sont pas conformes aux critères de l'homme juste, saint ou normal, selon les présupposés anthropologiques ou théologiques du groupe.

Si « le Réel c'est l'Autre », cette façon de me fermer à lui, de le condamner, ou de le craindre, me coupe peu à peu du réel. On comprend alors mieux le réalisme du père spirituel qui pouvait répondre à son disciple lui posant la question : « Où est la véritable Eglise ? — Là où on aime le plus ses ennemis. »

L'amour des ennemis, continuait-il, est le seul signe certain de la présence de l'Esprit-Saint dans l'homme. Faire des miracles, manifester des pouvoirs, opérer des guérisons, quoi de plus naturel quand on connaît les profondeurs de l'homme et un certain nombre de techniques permettant de manipuler les natures subtiles. Mais aimer ceux qui ne nous aiment pas, qui parfois même nous persécutent, là, ce n'est plus naturel ! Et si le mot surnaturel veut dire quelque chose, c'est dans ce sens-là qu'il s'agit de chercher. Mon Eglise, mon association, ma religion m'aident-elles d'abord à m'aimer moi-même (sinon, comment aimer l'autre comme soi-même ?) puis à aimer mes amis, avant de me rendre capable d'aimer mes ennemis ?

Car le but est bien là ! Comme l'apôtre Paul sur le chemin de Damas, découvrir chez celui qu'on persécute, parfois pour des raisons religieuses, son frère et son Dieu ! La vérité sans la charité, disait déjà Pascal, risque fort de n'être qu'une idole, une idéologie.

Plus vivant ?

Il ne s'agit évidemment pas de devenir plus musclé, meilleur soldat pour la cause, ni même d'être bien dans sa peau, d'être en pleine forme, mais de se rapprocher des sources vives de sa vie, qui jusqu'au dernier moment, ou même à travers la maladie, nous donnera une certaine qualité de force et de transparence. Puissance désarmée de celui qui est un avec ce qu'il est, sans rien ajouter, sans rien retrancher.

Dans certaines sectes, la santé est presque mal vue, la beauté ne peut venir que du diable, les pulsions les plus légitimes sont culpabilisées. On arrive ainsi à tenir un double langage qui, ajouté à des prédispositions schizophréniques, finit par nous rendre malades. J'affirme le salut, et en même temps j'entretiens les maux qui me maintiennent dans le besoin éperdu d'être sauvé. Certaines théologies, qui exaltent la souffrance et le sacrifice plus que l'amour, peuvent être, à ce propos, dangereuses.

On doit être particulièrement attentif à ce critère de santé quand il y a des enfants ; veiller à ce que ceux-ci ne souffrent pas de carences alimentaires, ou ne soient pas l'objet de sévices idéologiquement valorisés.

Plus libre ?

La liberté est le don le plus précieux de l'homme, et il ne manque pas de discours pour le relativiser ou le nier. Que ce soit à travers les déterminismes matérialistes ou les dénonciations de son caractère illusoire par les spiritualistes. La liberté qui serait « cette étincelle divine dans l'homme » ne manque pas d'ennemis, dans les sectes religieuses comme dans les sociétés les plus profanes. Evidemment tous ne sont pas obligés de partager la pensée d'un Berdiaev :

« La vie dans l'esprit est la vie libre et créatrice…, c'est dans l'esprit que se révèle le mystère de la création, que la nature de l'homme prend conscience d'elle-même, sans écrit, sans enseignement, et sans indication d'en haut.

Dans la création l'homme découvre le divin en lui-même, par son degré de liberté.

La création n'a pas à être admise ou justifiée par la religion ; la création est en elle-même la religion. La nature humaine consciente de son identité, de son être autonome et libre, doit exister comme une nature créatrice, créante. La nature humaine, finalement, ne se justifie pas devant le Créateur en s'annihilant, mais en s'exprimant d'une façon créatrice[1]… »

A un niveau plus trivial, il faut se demander si dans une secte « la porte reste bien ouverte dans les deux sens ». Peut-on en sortir aussi facilement qu'y entrer, sans avoir l'impression de trahir la communauté, d'être damné, ou poursuivi par des esprits

1. Berdiaev, *Le Sens de la création*, DDB, 1955.

ou des forces qui ne nous pardonneront pas ce qu'on appellera notre « apostasie » ?

On sort rarement indemne d'une secte. Longtemps on se sentira coupable de ne pas avoir été à la hauteur des espérances que les autres avaient projetées sur nous. On peut aussi se révolter, demeurer contre, c'est-à-dire encore dépendant.

La liberté c'est bien le mouvement, la possibilité d'aller et de venir ; de nouveau « l'enracinement et l'ouverture ». Certains ont peur d'entrer dans une pratique religieuse, ou dans une Eglise, les présupposés de leur secte rationaliste ou les craintes paranoïdes de se « faire avoir » les empêchent d'y entrer, et ils se privent de tout engagement possible. Certains ont peur de sortir, par crainte de se perdre hors des sentiers battus, hors du port sécurisant des vérités apprises. Le vent du large appelle leurs défenses plus que leur désir, et leur barque reste au port, à pourrir pour s'épargner de toujours possibles, mais non nécessaires, naufrages.

En conclusion, je citerai la réponse du Dalaï Lama à l'une de mes questions les plus impudentes : « Pour vous, quelle est la meilleure religion ? » Je m'attendais à ce qu'il me parle du bouddhisme et de ses bienfaits ; la meilleure religion ne pouvait évidemment être que la sienne. Il me répondit : « La meilleure religion est celle qui vous rend meilleur. » Il n'y a rien à ajouter à cela. La meilleure religion, Eglise ou secte est celle qui nous rend meilleurs, c'est-à-dire plus intelligents, plus aimants, plus vivants, plus libres. Qui nous aide aussi à vivre plus simplement notre vie quotidienne. Notre vie est assez compliquée comme cela, et si la religion est encore là pour y ajouter des complications, à quoi bon ?

Un des signes de la présence de l'Esprit est, paraît-il, qu'il nous rend plus simples — sans pli. La religion, au lieu de nous aider à nous déplier, à nous simplifier, ne fait parfois que « rajouter des plis ».

A côté des trois grandes questions fondamentales : D'où je viens ? Qui je suis ? Où je vais ? il en existe une quatrième, tout aussi fondamentale : Qui va faire la vaisselle aujourd'hui ? Que ce soit la vaisselle ou la lessive — peu importe l'image — la question est de savoir ce qu'on fait de tous ces grands principes reçus dans une secte, une Eglise, une religion. Qu'en faisons-nous dans la vie quotidienne ?

Où, aujourd'hui, peut-on devenir meilleur, c'est-à-dire plus intelligent, plus aimant, plus vivant, plus libre, plus simple ; ajoutons… jusque dans la vie quotidienne ?

Ne faisons pas de publicité, ne donnons pas d'adresse ; peut-être seulement souvenons-nous de la parole qui nous fut dite : « Purifie ton intelligence et ton cœur… puis va… va où ton cœur te mène… »

2

DES INCONSCIENTS OÙ S'ANNONCE UNE PAROLE

Aujourd'hui, ceux qui se disent inspirés, habités par l'Esprit ou des esprits, ou encore mus par des « énergies » ou des « forces » qui les transcendent, ne manquent pas. Ces « esprits » qui leur parlent et les enseignent leur demandent parfois d'enseigner eux aussi, d'écrire, de parler, de guérir…

Qui sont ces « esprits » ? Esprits de défunts ? Des anges ? Des entités ? Il faudrait en même temps se demander qui sont ces personnes qui parlent et qui transmettent ces paroles. Quelle est leur histoire ? Leur mémoire ? Dans quel état est leur esprit à eux ?

Parfois les entités se nomment, et les « véhicules », « canaux » ou « channels » diront : « Attention, ce n'est plus moi qui parle, c'est Untel. C'est l'ange, c'est la Vierge Marie, c'est le Christ ou bien Dieu lui-même », conférant ainsi à ce qui est dit une autorité spirituelle, angélique ou divine… Ces paroles transmises avec foi et conviction rencontreront l'étonnement, l'émerveillement et l'adhésion d'un certain nombre d'auditeurs, comme elles rencontreront parfois le jugement et la condamnation d'autres auditeurs qui ne verront dans tout cela que des manifestations dangereuses, inutiles, voire démoniaques.

Ces messages venus d'ailleurs rencontreront également le scepticisme et seront considérés comme des « remontées d'un inconscient » plus ou moins encombré ou mal exploré ; on parlera alors de « bouffées délirantes », symptômes de mal-être dans une histoire particulière ou plus largement de « malaise dans la civilisation ».

Reste à trouver une attitude qui ne soit ni adhésion aveugle, ni condamnation tout aussi aveugle, ni encore l'ironie facile et humiliante des clercs psychanalystes ou théologiens. « La voie du milieu », de l'entre-trois-dires (là où précisément se trouve le sujet qui écoute, entre le dire du conscient et celui de l'inconscient ; ce troisième demeure l'inconnu dont les deux premiers dires tentent d'être les témoins), cet entre-trois ne pourra être que le centre d'une interrogation honnête ou d'une foi qui cherche à comprendre, une foi incrédule qui n'est pas prête à croire n'importe qui ou n'importe quoi sans examen, mais qui ne fait pas non plus du doute incessant son absolu. Il y a des choses qu'on ne peut comprendre que parce que d'abord on y croit, il faut aimer ce qu'on cherche à comprendre.

L'interrogation, cela suppose en premier lieu la reconnaissance des faits sur lesquels on s'interroge et la reconnaissance que ces faits ne sont pas si nouveaux et se manifestent régulièrement dans l'histoire. Il s'agira de considérer ensuite l'interprétation que l'on donne de ces faits, parce que là est sans doute le problème ; interpréter ou ne pas interpréter, « là est la question », là est aussi notre liberté.

L'examen des faits et de leurs interprétations ne dit pas encore s'il s'agit de vrais ou de faux prophètes, de vrais ou de faux mystiques, d'authentiques médiums ou d'authentiques charlatans. Il n'est pas dit non plus si ces « enseignements » sont de réels messages et signes pour notre temps, espérance d'un monde meilleur, d'une nouvelle vie, ou illusions, fantasmes, messages et signes d'un triste temps, d'une époque malade, d'un cycle qui touche à sa fin.

Pour trouver quelques éléments de discernement, il ne sera pas vain de faire appel aux recherches de la psychologie contemporaine et à la sagesse des grandes traditions spirituelles de l'humanité.

Les faits

Depuis les temps les plus reculés, des hommes et des femmes disent recevoir des signes ou des messages de puissances transcendantes. En Inde, on les appelle des rishis, des voyants. Dans les traditions sémitiques, on les appelle des nabis, des inspirés ou des prophètes.

Les uns et les autres disent que ce qu'ils savent, ils ne l'ont pas acquis ; il ne s'agit pas d'une connaissance, fruit de leurs études et de leurs investigations ; cette connaissance leur est venue d'en haut ou de la profondeur, ils l'ont reçue d'une plus haute conscience ; elle leur a été donnée gratuitement, révélée. On parlera effectivement alors de Révélation.

Qu'est-ce à dire ? Selon Tresmontant, le mot français révélation est un simple décalque du latin *revelatio*, qui se rattache au verbe *revelo, revelare*, lequel signifie : ôter le voile, le *velum*, découvrir. Ce mot latin *revelatio* traduit le grec *apokalypsis* qui signifie : action de découvrir, et se rattache au verbe *apokalyptô* qui signifie : découvrir, dévoiler. En grec, le *kalymma*, c'est ce qui sert à couvrir, le voile, l'écorce. *Kalyptô* signifie couvrir, envelopper, cacher. *Apokalyptô*, le contraire. Le verbe grec *apokalyptô*, dans la version grecque de la bibliothèque hébraïque, traduit le verbe hébreu *galah* qui signifie aussi : découvrir, dévoiler.

Voici ce que disait le prophète Amos au VIIIe siècle avant notre ère : « Il ne fait rien, le seigneur YHWH, il ne fait aucune chose sans qu'il révèle *[galah]* son secret *[sôdô]* à ses serviteurs les prophètes » (Amos 3, 7).

Selon la pensée biblique, l'histoire humaine, c'est la création qui se continue dans l'homme et avec l'homme. La création de l'homme est une étape dans l'histoire de la création. Et cette création de l'homme n'est pas achevée dès le commencement. L'histoire humaine est celle d'une genèse orientée vers un terme.

Dans l'histoire de la création de l'humanité, il existe un moment qui constitue une étape nouvelle dans cette genèse, c'est la création d'un peuple qui a une fonction germinale pour l'ensemble de l'humanité à venir. Israël n'est pas un peuple choisi parmi d'autres peuples préexistants. Israël est le commencement, le germe d'une « humanité nouvelle », ou qui se considère comme telle, et on verra que c'est un phénomène qui se produit souvent : une Révélation donnée à un homme ou à un groupe avec l'espérance que de ce groupe particulier naisse un monde nouveau.

La création d'une humanité nouvelle commence par la création d'un germe qui contient en lui une science, qui porte en lui une sagesse, qui est destinée à l'humanité entière.

Ce peuple ou cette portion d'humanité n'a pas été créé pour s'enclore en lui-même, se fermer sur lui-même. Il a été constitué pour porter et communiquer à l'humanité entière la science qui est insérée ici dans l'humanité.

Ce peuple est donc essentiellement un peuple prophétique, s'il reste fidèle à ce qui l'a constitué au départ, à ce qui fut sa raison d'être initiale.

Qu'est-ce que la Révélation ? C'est la communication par Dieu, à l'homme, d'une connaissance, d'une science, d'une intelligence, par l'intermédiaire d'un homme qu'en hébreu on appelle *nabi*, ce que les traducteurs juifs alexandrins de la bible hébraïque ont traduit en grec par le mot *prophètès*, que les Latins ont rendu par *propheta*, et nous, en français, par *prophète*. Le mot grec *prophètès* vient du verbe *prophèmi* qui signifie : dire ou annoncer d'avance. Le *prophètès* dans la langue grecque classique, c'est l'interprète d'un dieu, celui qui transmet ou explique la volonté des dieux. C'est aussi l'interprète des paroles d'un oracle ou d'un devin, l'interprète d'une doctrine. C'est enfin celui qui annonce l'avenir. Dans la tradition hébraïque, le *nabi* est l'homme par lequel Dieu communique son message.

Sur quoi porte la Révélation ? Elle porte sur ce que l'homme, par ses seuls moyens, par la seule analyse fondée sur l'expérience, ne pouvait pas découvrir et connaître. Elle porte essentiellement sur la signification de l'œuvre créatrice de Dieu, sur sa finalité ultime. Seul l'auteur du poème, le compositeur de la symphonie, sait quel est le terme qu'il vise dans son œuvre, et celui à qui il communique son secret. La Révélation, c'est la communication du secret de Dieu, de ses intentions. Le message communiqué, c'est cela que les auteurs hébreux appellent la parole de Dieu : c'est le contenu du message, sa substance.

On connaît le nom des prophètes : Moïse, Elie, Isaïe, Jérémie, Amos… Il ne faudrait pas oublier ceux qui les ont précédés : Zoroastre, ou les grands rishis de l'Inde par exemple à l'origine des Védas.

Eux aussi parlent d'un plan du Réel qu'on n'atteint pas par la raison ou la simple expérience humaine mais par Révélation.

La tradition hébraïque dira que la Révélation est close et enclose dans les textes de la Thora. Dans les textes attribués à Moïse et aux Prophètes. C'est là que Dieu a parlé, il n'y a rien à ajouter.

Désormais, le prophète cède la place au mystique, son rôle ne sera pas de parler au Nom de Dieu mais d'interpréter sa Parole dite et écrite une fois pour toutes et de révéler les différents niveaux d'interprétation.

L'inspiration est désormais donnée non pas au prophète mais à l'interprète plus ou moins « mystique », selon son niveau de conscience, ou à l'herméneute du texte sacré.

Ce qui fera dire à Marc-Alain Ouaknin, à la suite de bien d'autres rabbins, que les Hébreux ne sont pas les « gens du Livre » mais « le peuple de l'interprétation », un peuple de prophètes qui devrait devenir peuple de mystiques ou d'herméneutes.

Vient ensuite la tradition chrétienne qui considère Jésus de Nazareth non seulement comme un prophète éminent : « Nul n'a parlé comme cet homme », disait le centurion, mais comme le Messie — le Christ, « celui qu'annonçaient les prophètes », non seulement comme quelqu'un qui parle de la part de Dieu, rappelant et accomplissant la loi et les prophètes, non seulement réceptacle d'une parole sur Dieu, mais parole de Dieu lui-même, Dieu incarné —, Verbe fait chair. Son être même est Révélation, Manifestation de l'Etre et de l'Amour de Dieu.

Et saint Jean de la Croix dira : « Dieu n'a qu'une parole, il nous a tout dit en son Fils, et qui chercherait ailleurs connaissance et salut lui ferait grande peine. » Avec Jésus-Christ, la Révélation sera considérée comme achevée, conduite à sa Plénitude.

Il n'y a rien d'autre que Lui à attendre et l'Esprit qu'il nous a promis pour nous « rappeler toutes les paroles qu'il a dites », et nous en révéler le Sens profond, le sens concret et mystique à la fois.

Puis vient la tradition musulmane qui prétend récapituler l'enseignement des prophètes qui ont précédé ; dans ce contexte, Jésus est considéré lui aussi comme un prophète qui annonçait la venue de Celui qui devait venir six siècles plus tard : Mohammed, « sceau de la prophétie ».

Dans la tradition musulmane, il est bien dit qu'il n'y a rien à attendre après le Coran qui est la seule et authentique Parole de Dieu, toutes les autres Ecritures ayant été déformées, perverties par les hommes.

Mohammed est le dernier des prophètes et s'il se présente quelqu'un d'autre, il faut évidemment le faire taire comme hérétique et blasphémateur ou bien le tuer comme ce fut le cas par exemple avec Baha'u'Ilah en Perse au siècle dernier, cet homme qui prétendait lui aussi être un prophète, envoyé de Dieu, et présentant un livre saint récapitulant les autres Ecritures : « Celui dont la venue a été promise à tous les peuples du monde est apparu. Tous les peuples et communautés étaient dans l'attente d'une révélation et lui, Baha'u'Ilah, le maître et éducateur est venu » (Abdu'L baha).

En notre siècle, à côté de ces révélations anciennes bien instituées et établies, les révélations nouvelles ne manquent pas : Révélation d'Arès, Révélation du Verseau ou autres. Les prophètes qui prétendent transmettre la parole de Dieu ou l'incarner ne manquent pas non plus. Cela peut être de leur propre affirmation : Moon, par exemple, se présente comme le Messie annoncé dans l'Apocalypse, « étoile qui vient de l'Orient ».

Ce n'est pas toujours de leur propre gré : Krishnamurti fut reconnu d'abord comme une incarnation divine, comme étant l'Instructeur mondial, l'Avatara pour notre époque car, comme le dit Krishna dans la Bhagavad-Gîta : « Chaque fois que la loi [dharma] s'efface et que monte l'injustice, alors je prends naissance pour la protection des bons et pour la destruction de ceux qui font le mal, pour l'établissement de la loi spirituelle d'âge en âge je m'incarne » (Bhagavad-Gîta IV, 6-8).

Krishnamurti eut le courage de proclamer qu'il n'était qu'un homme et que c'était en tant qu'homme qu'il voulait témoigner du réel, et de cette vérité qui est « un pays sans chemin ». Pour cela, il n'avait pas besoin de cette aura d'homme-Dieu ou de prophète des temps nouveaux.

Mais si grand est le besoin de l'homme de faire des dieux qui lui ressemblent et qui le rassurent ; nous n'en finirons pas de sitôt d'ériger en idoles des hommes ou des femmes qui nous dispensent de penser par nous-mêmes et nous délivrent, comme le disait Dostoïevski, « du fardeau de la liberté ». Les veaux mystiques ou idéologiques de notre époque n'ont rien à envier aux veaux d'or d'autrefois. Il n'y a pas à s'attarder sur eux, ni sur les successeurs de la pythie et des oracles de Delphes.

Pour le moment, tenons-nous-en aux médiums, channels, prophètes des grandes traditions parce qu'ils ne représentent pas seulement des minorités, mais des millions d'hommes et de femmes qui, encore aujourd'hui au Nom de Dieu et de sa Parole révélée et transmise par ces prophètes, se font la guerre…

Et on peut en avoir assez ! En avoir assez ne suffit pas ! Faire de grands rassemblements pour la paix, c'est bien ; est-ce que cela change quelque chose ? Nos grandes déclarations et nos baisers de paix ne sont que bécotages dans les coulisses de l'Histoire : la scène reste sanglante.

Il faut chercher à comprendre, à comprendre les paroles prophétiques, c'est-à-dire les interpréter. Car comme tous nos rêves, avec leurs images et leurs symboles, la parole de Dieu est livrée à notre interprétation, et selon le sens que l'on donne à ces paroles, celles-ci peuvent nous tuer ou être ferment de libération ; « la lettre tue, c'est l'esprit qui vivifie », la lettre non interprétée, non actualisée par l'Esprit.

Prenons juste un exemple dans le Coran, mais nous pourrions faire la même chose avec la Bible ou un autre texte considéré comme sacré, ou avec des textes de révélations contemporaines :

> « Epousez comme il vous plaira
> Deux, trois ou quatre femmes »
>
> (Sourate IV, 3)

> « Les hommes ont autorité sur les femmes en vertu de la préférence que Dieu leur a accordée sur elles et à cause des dépenses qu'ils font pour assurer leur entretien... Frappez celles dont vous craignez l'infidélité, reléguez-les dans des chambres à part et battez-les.
>
> Si elles vous sont soumises, ne leur cherchez plus querelle.
>
> Dieu est élevé et grand. »
>
> (Sourate IV, 34)

Est-ce vraiment Dieu qui parle ? Ou est-ce un homme ? Une société particulière ? C'est une question qu'on peut parfois se poser, ne serait-ce que pour ne pas mettre sur le dos de Dieu les méandres de notre propre subjectivité avec ses inconscients et ses volontés de puissance. Dieu ne parle jamais en direct, il parle à travers un homme qui, aussi pur soit-il, a un inconscient et qui, du simple fait qu'il parle, appartient à une certaine culture, société, civilisation, histoire avec toutes ses limites.

Il s'agit donc de faire la part du Message, de son origine qui peut être divine et du messager, de son origine qui est certainement humaine puisque c'est en tant qu'humain qu'il parle à d'autres humains. Ce n'est nullement nier le fait de l'inspiration, c'est rappeler les conditions dans lesquelles a eu lieu cette inspiration.

Claude Tresmontant remarque, reprenant le sujet déjà traité par Thomas d'Aquin dans la *Somme*, au chapitre sur la prophétie : « On s'imagine plus ou moins que l'inspiration divine se substitue à l'intelligence du prophète, que le prophète est totalement passif et inerte sous l'inspiration, comme une secrétaire de nos jours à qui son patron dicte son courrier. Mais non. Il suffit d'étudier de plus près les grands prophètes hébreux, Amos, Osée, Isaïe, Jérémie, Ezéchiel et d'autres pour se rendre compte que les prophètes hébreux sont actifs, éminemment, dans l'œuvre prophétique. Ils opèrent avec leur intelligence, leur courage, leur sainteté, leur tempérament. Le prophétisme hébreu est l'œuvre conjointe de Dieu et de l'homme. Dieu ne se substitue pas à l'homme. Il l'enseigne, il l'instruit, il l'éclaire, il l'informe du dedans. Il le recrée. Il le prépare du dedans. »

Voici ce que nous dit le livre de Jérémie (VIIe siècle avant notre ère) : « La parole de YHWH fut sur moi pour me dire : Avant même que je te forme dans le ventre [de ta mère], je te connaissais, et avant que tu sortes de la matrice, je t'avais consacré, je t'avais sanctifié. Prophète [nabi] pour les nations je t'ai placé ! » (Jr. 1, 4).

Le prophète est préadapté à cette fonction qui va être la sienne : communiquer à l'humanité la science qui vient de Dieu. Il est humainement préparé à cette œuvre, et cela se voit, dans son caractère, lorsqu'on étudie son œuvre de près.

Au XIXe siècle, et encore au XXe, des savants s'imaginent ceci : ou bien c'est Dieu qui enseigne dans cette bibliothèque que l'on appelle la Bible, ou bien c'est l'homme. Or, la science que constitue la critique biblique montre que ce sont manifestement des hommes qui s'expriment avec les idées de leur temps, leur tempérament, leurs défauts même. Donc, ce n'est pas Dieu.

C'était le sophisme de Renan. L'erreur de base, c'est de s'imaginer qu'il faut admettre le présupposé : ou bien, ou bien. En réalité, il n'y a pas d'alternative, c'est Dieu avec l'homme et l'homme avec Dieu qui parle.

Dire cela ne choquera personne dans un contexte occidental ; dans un pays musulman, c'est déjà de l'ordre du blasphème, c'est réduire la parole de Dieu (le Coran) à une parole humaine.

Mohammed n'était-il pas un homme ? On ne pourra pas nier le fait, mais on ajoutera que l'esprit du Prophète était un canal, un channel totalement « vierge ». Schuon fait d'ailleurs le lien entre la virginité de Marie et la virginité intellectuelle de Mohammed, pure demeure du Logos divin. Le Coran est le livre né du vierge Mohammed : une immaculée conception. Dire que les facultés intellectuelles de Mohammed n'entrèrent pas en jeu dans l'élaboration du Coran, c'est dire que celui-ci était en état de coma profond, électro-encéphalogramme plat. C'est également ignorer les phases de réalisation du Coran car Mohammed reçut d'abord dans la solitude d'une des cavernes du mont Hira des inspirations puis des paroles qu'il répéta à sa première épouse Khadija ; celle-ci l'encouragea à transmettre les messages qu'il recevait, vinrent des disciples, ceux-ci écoutèrent et comme c'est la coutume dans les traditions orales, ils apprirent ces paroles par cœur. Ce n'est que beaucoup plus tard que ce texte, « descendu directement du ciel » selon certains, sera mis et constitué par écrit.

Trois grandes étapes marquent cette constitution ou reconstitution de la parole inspirée à Mohammed :

— la récitation de mémoire ;

— la fixation par écrit sur des matériaux de fortune, omoplates de chameaux, morceaux de cuir, etc. ;

— la réunion en un recueil au temps du calife Uthman des éléments épars (Uthman, gendre du Prophète, fut le troisième calife, il dirigea la communauté musulmane de 644 à 655 (25-35 de l'hégire).

La calligraphie ancienne, maintenue jusqu'au Xe siècle, ne comportait ni points diacritiques ni voyelles brèves. Ces textes étaient utilisés à titre d'aide-mémoire incompréhensibles aux étrangers d'où les diverses interprétations ou « lectures ». Jusqu'au XIIe siècle, il y eut sept leçons autorisées (sept corans ?).

La recension d'Uthman avait suscité les critiques des chi'ites qui lui reprochaient d'avoir volontairement supprimé des textes concernant Ali. C'est l'imprimerie qui a fixé le contenu du Coran de façon définitive. L'édition reconnue comme officielle par les plus hautes autorités musulmanes a été imprimée une première fois au Caire en 1923 ; c'est l'édition dite de Boulag [1].

Ainsi les textes sacrés ont leur histoire ; mieux la connaître nous invite non pas à moins y croire mais à moins les idolâtrer. Là aussi, « c'est la vérité mais non pas toute » et on peut imaginer que là où croît la culture, décline le fanatisme. On comprend également que dans certains pays, on en vienne à tuer ou à exiler ceux qui représentent cette culture et qui, en affirmant la possibilité plurielle de l'inter-

1. Voir l'introduction au Coran dans l'édition de Jean Grosjean, éditions Gallimard, « Bibliothèque de la Pléiade », 1967.

prétation, rappellent l'homme à sa liberté face aux autres hommes, mais face aussi au Dieu dont il est capable de discuter ou de « dialoguer » la parole.

Les textes sacrés ont leur histoire. Les médiums, les prophètes ont eux aussi leur histoire, qui va influencer pour le meilleur ou pour le pire la qualité de leur message.

Lorsque quelqu'un se présente comme étant le canal d'une parole ou d'une révélation qui le dépasse, il n'est pas malsain de s'interroger sur le lieu, la profondeur d'où lui vient son inspiration. De la même façon qu'il n'est pas mauvais de s'interroger sur cet espace en nous-mêmes d'où naît une parole, d'où naît un désir.

D'où est-ce que je parle ? La question n'est pas à poser seulement à propos du contexte social comme on l'a fait ces dernières années, mais aussi à propos du niveau de conscience ou d'inconscience dans lequel se trouve le locuteur.

Voici un schéma, avec toutes les limites que ce genre de représentation implique, capable de nous indiquer la pluralité des niveaux d'être d'où peut s'originer une parole présentée comme sacrée, c'est-à-dire porteuse d'une altérité qu'elle est censée servir ou traduire. Ce schéma essaie de tenir compte de ce que certains courants de la psychologie contemporaine nous disent, mais aussi des traditions quant à ce qui demeure inconscient dans l'homme.

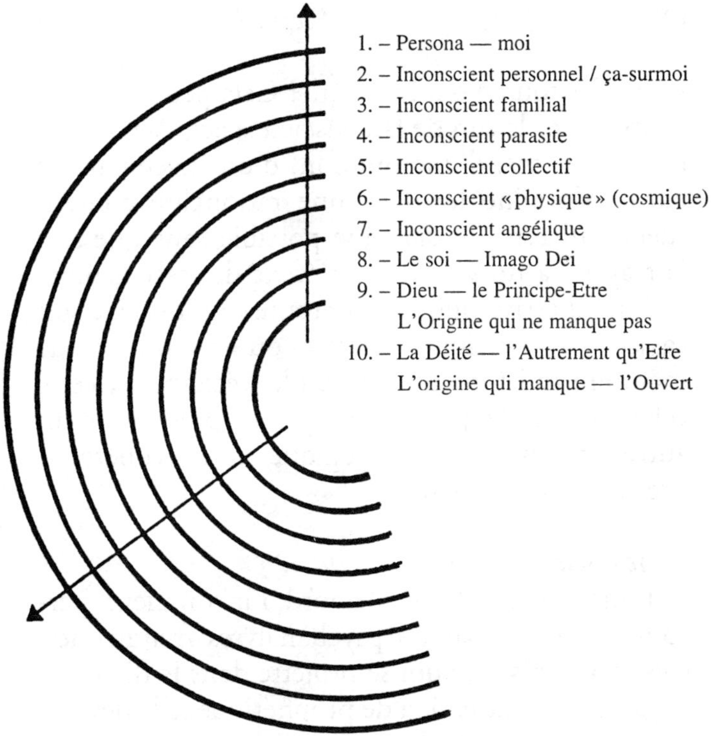

L'espace qui est au centre du cercle est aussi l'espace qui le contient. « L'Espace qui est à l'intérieur de la cruche, c'est l'Espace qui remplit tout l'Univers. » Espace plus ou moins encombré de mémoires et d'inconscients. Mais pourquoi seule une cruche vide aurait-elle le pouvoir de chanter ?

La persona

La persona est la partie visible et audible de l'iceberg, c'est « ce à travers quoi le son passe » (persona). Le son de quoi ? de qui ? Cela peut être tout simplement le son de la conscience acquise, le partage d'un avis, d'une opinion, d'un jugement. La parole s'origine ici dans une rationalité consensuelle qui rend le dialogue possible sans que soit fait appel à un « autre » différent de la sociabilité établie. Il arrive que cette « croûte » rationnelle soit cassée par quelques lapsus ou remontées de mémoire qui font que la parole « échappe », cette échappée de la parole indique la présence d'un autre discours avec sa logique et sa cohérence propre : l'inconscient.

L'inconscient personnel

L'inconscient, c'est d'abord l'inconscient personnel exploré par les psychanalyses freudiennes, c'est notre histoire qui se projette dans le discours. La parole n'a alors rien de prophétique, elle devient néanmoins capable de communiquer avec un autre inconscient et de lui révéler des « choses » qui appartiennent à son « petit passé » ou à son « petit avenir » (projection probable du petit passé en question). Si cette parole est bien articulée au conscient et à la rationalité ambiante, pour parler du phénomène on emploiera le terme innocent et vague d'intuition ; si l'articulation et l'intégration sont plus difficiles, on parlera alors de télépathie ou de facultés divinatoires plus ou moins excitées par des supports (tarots, cartes, boules de cristal...). Ce que l'analysant peut découvrir au terme de plusieurs séances et de quelque patience, le devin le lui offre en une rencontre, quelquefois à bon prix, quelquefois « trop cher pour m'entendre dire ce que j'aurais pu me dire à moi-même ». Cet inconscient personnel relève du ça et du surmoi de la topologie freudienne ; il est aussi la somme des expériences vécues et refoulées de l'individu. L'accès à cet inconscient peut avoir un effet libérateur, il permet d'intégrer les paroles autres de mon enfance à une parole qui me soit propre. Laisser ces paroles autres au pouvoir d'une cartomancienne ne résout pas mon problème et peut même parfois confirmer mon aliénation et me garder étranger à une parole qui m'est propre.

L'inconscient familial

L'inconscient familial, c'est l'histoire sur plusieurs générations d'une famille et de ses empreintes de mémoires dans le corps (ADN). L'accès à l'ancêtre ou au fantôme de certaines familles (celui dont on ne parle jamais et dont l'absence habite ou hante l'esprit des enfants, secrets ou non-dits de famille lourds à porter) ne se fait pas toujours par voie d'analyse. Bien que les recherches de l'analyse transgénérationnelle porte ses fruits[1], une voyante peut vous révéler les faits ou méfaits de l'ancêtre que vous avez tendance à

1. Anne Ancelin-Schutzenberger, *Aïe mes aïeux*, éditions EPI, 1993.

répéter. La voyance n'a ici aucun pouvoir divin, mais un accès au-delà de votre inconscient personnel à l'inconscient familial. Son intervention peut aider parfois à réintégrer une parole (ou un visage) perdue qui permet de laisser sourdre dans notre parole propre les paroles de la lignée, sans être manipulé par elles. On connaît les difficultés qu'il peut y avoir à bien gérer un trop riche héritage. L'héritier n'a pas de vie propre : il est « l'héritier », son passé antépersonnel lui vole sa vie. Une parole prophétique qui vient d'ailleurs (de plus profond que cet inconscient personnel et familial) peut lui être salutaire : « Laisse les morts enterrer les morts. »

L'inconscient parasite

Au-delà de l'inconscient familial qui conditionne les éléments de la personnalité propre se manifestent, à un autre niveau d'inconscient, un certain nombre de porosités ou de failles qui lui permettent de communiquer non seulement avec des inconscients incarnés dans cet espace-temps, mais aussi avec des inconscients non retournés ou « non allés » dans la plus simple lumière ; inconscients de défunts, d'esprits désincarnés mais non encore spirituels. Il arrive à ces esprits, selon l'expérience d'un grand nombre, de parasiter ou de contaminer nos esprits propres. Les effets sont parfois bénéfiques, parfois nocifs. Le spiritisme au siècle dernier, le channeling à notre époque, ont tenté de systématiser et de développer ce type d'expériences. Cela peut même devenir une religion comme au Vietnam. En effet, « Dieu adaptant son enseignement aux progrès de l'esprit humain, plus raffiné que jadis, se serait cette fois manifesté par la voix des médiums, ne voulant accorder à aucun mortel le privilège de fonder le caodaïsme[1] ».

Les messages des médiums continuent à guider les fidèles, « mais il s'agit d'une médiumnité soumise au contrôle de l'institution religieuse. Ces messages proviennent même de désincarnés européens : Allan Kardec, Léon Denis, Camille Flammarion, Descartes (!), Jeanne d'Arc, Chateaubriand et surtout Victor Hugo dont le portrait trône dans certains lieux de culte »...

Tous ces phénomènes ont donné lieu ces dernières années à une littérature abondante. Avec l'actrice Shirley Mac Laine, le channeling devint un produit classique du show-business. Les trois volumes de son autobiographie connurent dans les années 80 un énorme succès, plus de deux millions d'exemplaires pour le seul *Out on a limb*.

De nouveaux évangiles vont également venir au jour. Ces évangiles sont révélés à des médiums pour compléter ou clarifier la Bible. Le plus ancien exemple de cette littérature est *Oahspe* (1882), sous-titré *Une nouvelle Bible*, préparé au long de cinquante-deux semaines d'écriture automatique

1. G. Gobron, *Histoire et philosophie du caodaïsme*, éditions Dervy Livres, 1949, p. 17.

sur machine à écrire de l'homme d'affaires J. B. Newbrough (1828-1891). En neuf cents pages, il narre : l'origine de l'homme sur un continent du Pacifique submergé par le déluge (Pan), l'évolution de la religion à travers onze prophètes, de Zarathoustra à Jésus (Joohw), l'avancée du monde, aujourd'hui, vers une nouvelle époque appelée « kosmon » dans laquelle surgira « un nouveau temple » qui transformera la Terre en un jardin de joie et de beauté. Ces thèmes sont très voisins de ceux du Nouvel Age. Le livre d'Urantia (1955), autre best-seller des enfants du Verseau, est un mythe cosmocentré qui se présente tout au long de deux mille quatre cent quatre-vingt-dix-sept pages comme « la première grande révélation de la venue du Christ ». Il décrit le superunivers Orvonton dans lequel est inséré notre univers local Nébadon, et Urantia notre monde. La biographie de Jésus est semblable à celle de l'évangile du Verseau. On y trouve aussi des ressemblances avec certains thèmes de la Scientologie ou du Mouvement du Graal (l'« île du Paradis » rappelle étonnamment celle dans laquelle se trouvait le monde du Graal).

Le channeling a également produit un évangile spécifique, *A Course in Miracles*[1]. « A l'origine, en 1965, une psychologue américaine d'origine juive, Helen Schuman, athée mais tourmentée par les

1. *A Course in Miracles*, Fondation for Inner Peace, Tiburon (Californie), 1975, 3 volumes.

questions religieuses et déjà familière des phénomènes paranormaux, entend une voix lui répéter instamment : "Ceci est un cours sur les miracles. Prends des notes, je te prie". Elle s'en réfère à son professeur à l'université Columbia de New York, lequel l'invite à s'exécuter. Et la voix (celle de Jésus Christ?) lui dicte le nouvel évangile dont les messages seront réunis successivement à partir de 1975 en trois ouvrages : un livre de textes, un manuel pour les enseignants, un livre pour les étudiants. Helen Schuman, jusqu'à sa mort en 1981, affirmera son scepticisme quant aux messages reçus tout en niant énergiquement les avoir jamais inventés. Cette attitude ambiguë par rapport aux communications qu'ils enregistrent est l'attitude commune des canaux. Mais la voix parlait avec une autorité impressionnante, dit Helen. Aussi s'exécute-t-elle au point de mettre sur pied une Fondation pour la paix intérieure à laquelle se rattachent des centaines de groupes d'étude du Cours, dans l'esprit du Nouvel Age[1]. »

Il faudrait encore parler de Jacob Lorber (1800-1864) qui écrivit, par locutions intérieures énoncées « directement du Christ », vingt-cinq volumes de cinq cents pages ; de Gabrièle Witteck, qui perdit sa mère à l'âge de trente-sept ans, et qui la revit le jour anniversaire de sa mort. « Elle participe alors à des réunions où "l'esprit du Christ" parle à une

1. Jean Vernette, *Le Nouvel Age*, Téqui, 1990, p. 109.

femme médium. Du coup, celui-ci se met à lui parler clairement, en 1975, par une parole intérieure transmise d'abord par son "instructeur spirituel", un ange de haut niveau, frère Emmanuel. En deux ans, elle accède du rang de médium doué à celui de "prophétesse de notre temps". »

La nouvelle appellation du mouvement en 1984, Vie universelle, marque le début de sa mission grandiose : à partir de son centre de Würtzburg, engager l'édification du Royaume de Dieu pour le Nouvel Age qui vient. « Le type humain du Nouvel Age va croître à partir de l'accomplissement des lois spirituelles. Ce type humain, pacifique, compatissant et fort, peuplera le royaume de Dieu sur terre, l'état du Christ, qui s'exprimera également à l'extérieur à l'échelle mondiale après le changement d'ère. »

Et il s'agit de le construire concrètement ce Nouvel Age : « C'est pourquoi les nombreuses activités extérieures commencent dès maintenant, entreprises, magasins, cliniques, dénommées christiques. Une partie des établissements christiques n'est acquise que pour enseigner aux miens la manière dont les hommes spirituels doivent procéder à des échanges, qui ne se font pas dans le sens de ce monde où l'on marchande et où l'on négocie toujours plus d'argent. » Le Nouvel Age dépasse ici le simple statut d'utopie religieuse. Il devient système social organisé. Pour mettre en œuvre la révélation transmise par Gabrièle.

Toujours en Allemagne, voici Urielle (Erika

Bertschinger-Warter) qui fonde en 1980 le mouvement Orden Fiat Lux. En tant que simple intermédiaire de Jésus-Christ, dit-elle. Son activité de leader religieux s'enracine dans ses dons de guérisseuse et de voyante. Elle se manifeste dans des séances de transe publique où Jésus-Christ parle par sa voix. Mais il ne révèle qu'un syncrétisme banal où l'on trouve pêle-mêle réincarnation et karma, messe tridentine et antipape Grégoire XVII.

En France, dans le domaine des révélations privées issues du Christ ou de la Vierge, on a un assez vaste choix, qui va du groupe du Fréchou, dans le Sud-Ouest, à la Révélation d'Arès, en Gironde, ou la Croix glorieuse de Dozulé, dans le Calvados.

La religiosité du Nouvel Age est ainsi caractérisée par un mélange étonnant de doctrines ancestrales et de concepts de l'Orient, mêlés à des révélations toutes personnelles. La pratique banalisée et universelle du channeling, car elle est voulue par ses adeptes comme telle, ouvrira toutes larges les vannes d'un religieux sauvage qui risque de devenir incontrôlable.

Ces religions naissent surtout en Extrême-Orient. Corée et Japon ont connu l'influence du chamanisme. Or celui-ci attache une grande importance aux rapports des hommes avec les entités spirituelles. Le révérend Moon, par exemple, a commencé par recevoir une révélation de Jésus, dit-il, un matin de Pâques 1936. Mais il affirme aussi avoir rencontré dans le monde spirituel de hautes figures religieuses de l'histoire. Et il continuerait à entrer en communication avec certains membres de ces congrégations par mode de communication spirituelle. « Le monde des esprits, explique-t-il, est toujours autour de vous, à l'écoute et attentif. Il est à portée de main. » « Aussi, note J.-F. Meyer, s'agit-il pour le mooniste de savoir utiliser ce monde afin de bénéficier de son assistance et de son influence gratifiante. Dans la perspective unificationniste, la multiplication des canaux entre le plan spirituel et le plan physique à l'époque présente est un signe des temps, lié au second Avènement : au Nouvel Age [1]. »

Il était nécessaire de citer longuement ces articles sur le Nouvel Age ; ils ne font qu'ajouter à la confusion, distinguant mal ce qui relève d'une simple information venant de l'inconscient personnel, d'un ange, esprit désincarné, ou entité externe à la personne concernée ou tout simplement d'un archétype dont l'image et la parole demeurent toujours agissantes au sein de l'inconscient collectif. Nous réservons ce nom d'« inconscient parasite » à cette expérience particulière d'un sujet en proie à une parole qui n'est pas la sienne, qui l'avertit, le sermonne, le flatte, l'angoisse… et dont l'intégration à la parole propre demeure improbable. Cela peut conduire à des états de dualité ou, pis, d'identification qui lui rendent la vie difficile à lui et à

1. Jean Vernette, *op. cit.*, p. 103-105.

son entourage : « Dès les débuts du spiritisme, les médecins avaient signalé les effets nocifs de sa pratique quant à la santé mentale de nombreux adeptes. Le médium s'effaçant passivement devant la personnalité de l'hypnotiseur, le channel laissant champ libre à tous les fantasmes de l'inconscient, ils affaiblissent leurs défenses et leur contrôle volontaire, jusqu'à se dédoubler involontairement et à se dissocier, entrant en transe à n'importe quel moment et glissant peu à peu dans le délire. Il leur sera parfois impossible de retrouver leur personnalité réelle, "habités" qu'ils sont par l'esprit ou l'entité voyageuse. Et nul n'est ensuite à l'abri de la contagion. A l'époque de la première grande frénésie de communication avec l'au-delà, en 1855, le quart des deux cents aliénés de l'hôpital de Zurich était spirite, et deux cinquièmes de ceux de l'hôpital de Gand. »

Selon l'évolution de la personne et sa maturation, ces voix viennent normalement à disparaître. Silence et solitude acceptés qui lui permettront d'entendre les voix d'un inconscient plus profond.

L'inconscient collectif

Nous héritons de nos actes passés, joies ou traumatismes de notre petite enfance ; nous héritons des actes passés de notre famille, mais nous sommes aussi les fils et les filles d'une certaine culture, d'une certaine civilisation, nous avons aussi un « inconscient collectif ». Le névrosé peut être le jouet de son inconscient personnel ou familial, le psychotique est la proie de l'inconscient collectif, il est habité (possédé) par des images et des symboles dont il n'arrive pas à se différencier.

Il est probable que la parole de certains leaders charismatiques s'adresse à cet inconscient collectif. L'emprise d'un Hitler sur les foules, compte tenu de la pauvreté du message, peut-elle s'expliquer autrement ? A ce niveau, on ne parle plus de devin ou de voyant dans le sens courant du terme, on utilisera pour la première fois le terme de prophète, mais prophète de quoi, de qui ? De l'inconscient collectif. Certains individus recueillent la parole perdue de tout un groupe ou d'une ethnie particulière et dans l'écoute de cette parole, le groupe semble trouver ou retrouver sa cohérence, son identité.

Un des symptômes de l'emprise du collectif sur un individu, c'est justement sa perte du sens des personnes. Au nom de la collectivité, de la race, de la foi, ou de l'idéologie commune, il commettra toutes sortes de crimes visant à anéantir la libre expression de ceux qui demeurent non soumis à la cause commune.

Dire par exemple que l'inconscient de Mohammed est submergé par l'inconscient collectif d'un peuple humilié, n'ayant pas de religion, ni de texte propre, est-ce réduire l'inspiration divine qui fut la sienne ? N'est-ce pas plutôt dire que l'inconscient divin dans l'homme opère à partir de ses limites, c'est-à-dire de son histoire, de sa culture et par-dessus tout, de sa langue. Toute langue est sacrée pour celui qui la parle comme expression du Sens caché ou profond de son existence. A juste titre, les musulmans disent que le Coran est intraduisible, il ne parle qu'à ceux qui ont été nourris, informés dans sa langue. Langue maternelle, langue d'origine. Il s'agit donc bien d'une révélation pour le peuple arabe. Vouloir convertir un Occidental à l'islam, c'est lui demander de changer de langue, c'est-à-dire de changer d'inconscient collectif. Cela est sans doute possible, mais non pas sans trouble grave de l'identité. La conversion à ce qui est étranger opère la « schize » dans laquelle vivent plus ou moins heureusement les nouveaux convertis, avant qu'ils ne se rétractent, inconsciemment bien sûr, dans les affres de la culpabilité que seuls l'hystérie et le fanatisme parviennent à apaiser.

L'inconscient collectif n'est pas, comme on l'a souvent dit, universel, il est même très particulier (pour l'universel, nous parlerons d'inconscient physique ou cosmique). L'inconscient collectif nous réserve bien des surprises et ses channels, prophètes, ne manqueront pas pour la reconstruction illusoire de nos narcissismes collectifs humiliés. Plutôt que de se sentir humiliés : consentir à son humus, à sa poussière car désormais « nous autres civilisations, nous savons que nous sommes mortelles » (Valéry).

L'inconscient collectif est aussi le lieu des grands

symboles, des archétypes et c'est pourquoi, dans leurs discours, les prophètes et les leaders charismatiques en font grand usage et entrent ainsi en résonance avec les images qui structurent les individus. Cet inconscient n'est pas structuré comme un langage mais plutôt comme une image, d'où l'importance de connaître les grandes images qui nous habitent et qui orientent le destin de notre culture. Cela pourrait nous permettre, tout en nous y intéressant, de nous garder libres des grands mythes véhiculés par certains discours dits prophétiques.

L'inconscient « physique »

Par inconscient physique, il ne faudra pas entendre l'inconscient biologique qui lui aussi mériterait une étude, les corps ayant leur langue propre et leurs maux pour la dire ; il ne s'agit pas non plus des anges ou des devas, dieux ou esprits de la création, remis à la mode par la communauté de Findhorn et plus particulièrement par Dorothy Mac Lean, familière de ces « esprits subtils de la nature ». Il s'agira davantage de cette parole qui vient de la terre, l'exprime dans son déploiement, telle qu'on la trouve dans l'enseignement des sages et des philosophes.

« Physique » vient du mot grec *physis*, traduit généralement par nature et du verbe *fuein* qui veut dire croître, ou faire croître. La *physis* ou nature, c'est ce qui se donne à voir, ce qui s'épanouit. Soit l'existence d'un monde, ce qui étonne, c'est sa venue au paraître, la parole inspirée au sage et au poète se tient dans cet étonnement. Le monde s'épanouit, il dure dans l'Ouvert, il s'y maintient et il habite le regard. Il dure pour un temps. Ce qui s'épanouit, c'est aussi la présence de ce qui s'évanouit. L'apparition du monde est alors donnée à penser comme un songe. La parole inspirée au sage et au poète va indiquer l'être en transit dans le monde. Son étonnement coïncide avec une lucidité; d'où les paradoxes dont son langage sera émaillé.

Voir le monde dans son apparition et le voir dans sa disparition, le voir épanoui et le voir évanoui et tout cela le dire dans le seul mot de *physis*.

Langage de l'étoile et de son trou noir. Les maîtres zen, Lao-tseu, parfois s'en approchent; à moins que ce ne soit des physiciens contemporains. Car où les conduit leur étude si ce n'est à dire l'inconscient du monde, l'Obscur d'où naissent ces éclaircies, la grande nuit où est née la lumière du monde?

Dans son fragment 123, Héraclite disait que « la physis aime à se cacher [*physis kruptesthaï philei*] ». Il s'agit de cette parole retenue ou contenue dans le déploiement transitoire des choses que le sage et le poète auront à déchiffrer. Ceux-ci n'annoncent rien, n'ont rien à prophétiser, ils ont à dire ce qui est, dans son apparition et dans sa disparition. La contemplation de ce qui s'évanouit dans ce qui s'épanouit est peut-être à l'origine de dits comme ceux de l'Ecclésiaste, la contemplation de ce qui s'évanouit dans ce qui s'épanouit est peut-être à l'origine des dits de Lao-tseu. S'interroger sur la vanité et la vacuité du monde sans cesser de célébrer son surgissement et sa beauté conduit la parole vers l'origine où elle fleurit dans l'adéquation à ce même monde.

Dans le saisissement de la *physis* épanouie ou évanouie, l'arbre croît et décline, le lion rugit et l'homme chante ce qu'il ne sait plus dire. Ce n'est pas mettre le poète au-dessus du prophète, c'est le situer dans un espace différent, dans une langue qui n'est pas seulement celle de l'individu et de la collectivité, sa langue n'est pas seulement celle des hommes, c'est aussi celle des oiseaux, c'est une des voix possibles par où le monde tente de s'exprimer ou de se dévoiler *(aletheia)*.

L'inconscient angélique

De nombreux livres relatent aujourd'hui des dialogues avec l'ange ; le plus connu est celui de Gitta Mallasz : « L'histoire se passe en Hongrie durant les années 1943-1944, au plus fort de la dernière guerre mondiale. Trois jeunes femmes se retrouvent durant le week-end pour approfondir leurs problèmes personnels. L'une est catholique, Gitta. Les deux autres, juives, Hanna et Lili. Pour aller plus loin dans leurs échanges, elles décident d'arriver désormais chacune à la rencontre avec un texte écrit. Le 25 juin 1943, après avoir écouté le texte de Gitta, Hanna veut lui dire sa déception de ce travail qu'elle juge trop superficiel. Lorsque tout à coup elle sent monter en elle comme une force et une voix inconnues qui, par sa bouche, reprennent vertement Gitta. Durant dix-sept mois et presque tous les vendredis à quinze heures, les messages de l'au-delà s'expriment au long de quatre-vingt-dix-huit entretiens à travers Hanna, leur channel. Ils se présentent comme étant les anges des différents membres du groupe. »

Gitta Mallasz parlera de l'ange comme de son double de lumière, et de plus en plus comme de son maître intérieur, le guide envoyé par Dieu pour la réconforter et la tenir dans un chemin de droiture, de joie et de beauté. Ce qui correspond assez bien à la définition traditionnelle de l'ange gardien. Les réflexions ultérieures de Gitta, même si elles n'ont rien d'original, ne manquent pas d'intérêt ; dans un langage populaire et pseudo-scientifique, elle parlera de PSDN, « présence simultanée sur deux niveaux : état de conscience aussi pleinement éveillé sur le plan matériel que sur le plan spirituel », ce qui décrit, en termes non jungiens, le climat de « synchronicité » dans lequel vivent ceux qui se sont ouverts à l'*Unus-mundus* ; mais pourquoi ajouter : « avec la PSDN, c'est l'homme du Verseau qui s'annonce [1] » ? alors qu'il s'agit de l'homme

---

1. Voir l'interview parue dans *Sources* n° 23, 1989, p. 8 *sq*.

tout simplement et selon l'anthropologie la plus traditionnelle : « pont ou échelle entre le ciel et la terre », ayant pour fonction, sinon pour mission, cette union des « deux mondes » ; comme le disait Roumi (1210-1273) : « L'homme est moitié ange, moitié bête. L'ange est sauvé par sa connaissance et l'animal par son ignorance ; entre les deux, l'homme reste en litige. »

L'homme est à la fois terrestre et céleste, de chair et d'esprit, mais il n'a pas, pour s'unir à la divinité, à devenir pur esprit. Il a à intégrer en lui la voix de l'ange tout comme il a à intégrer la voix du ça, façon contemporaine de nommer la bête des anciens. L'accès à l'inconscient angélique est des plus importants pour l'homme contemporain. Il inaugure en lui le passage au monde spirituel. Il ouvre la voie à l'ontologique. « L'angéologie instaure un rapport original entre l'humain et le surhumain, qui fonde une anthropologie dans laquelle l'homme ne saurait se concevoir en plénitude sans sa dimension céleste [1]. »

Serge Boulgakov parle de l'ange comme « moi céleste » de l'homme, dégagé de son identification au moi empirique. Dégagé ne veut pas dire désidentifié ; il y aurait alors rupture et cette rupture donne lieu à ces formes d'angélisme qui sont inconnaissance de la mission de l'ange laquelle est

1. Philippe Faure, *Les Anges*, éditions du Cerf, 1988, p. 9.

justement de rétablir le lien perdu entre la matière et l'esprit. L'ange est la proximité de Dieu dans l'homme, il est l'organe de Son Esprit qui se manifeste à notre esprit. Les paroles qu'il nous inspire sont échos de celles du Logos incarné. Mais il y a aussi les mauvais anges, les puissances des ténèbres, qui se déguisent en anges de lumière. Comment les reconnaître ? Par l'excitation et l'inflation qu'ils entraînent ; le moi se prend pour l'Etre au lieu de sentir sa participation à l'Etre. L'ange de lumière différencie en unifiant, l'ange des ténèbres mélange en séparant. Il y a par exemple une grande différence entre dire « le Christ, c'est moi » et « ce n'est plus moi qui vis, c'est le Christ qui vit en moi ».

D'un côté, un esprit nous inspire la fusion, le mélange avec le Christ : l'inflation ou la prise en otage du moi par l'archétype. Cette inflation conduit à une séparation, à une impossibilité de s'unir au Christ puisqu'il n'est plus différencié de nous. La Relation est exclue ou, en d'autres termes : l'Amour, Dieu ne sont plus le possible de l'homme. De l'autre côté, un esprit nous inspire la relativité de notre moi, le pose dans sa relativité et lui rappelle Celui qui vit en lui ; il y a inscription du moi au cœur d'une relation, relation qui est de l'ordre de l'incarnation. L'ange rappelle à l'homme qu'il a à manifester le Logos, à être son image incarnée. Le moi est le lieu de manifestation du Soi, sa période sensible.

D'un côté, l'ange (mauvais) enferme l'homme

dans son moi « gonflé » avant de le réduire au ça quand le moi sera « crevé » (on reconnaît ici le rythme maniaco-dépressif). D'un autre côté, l'ange, à travers l'acceptation du moi troué de l'homme (l'Etre qui lui manque), l'ouvre à l'Autre qui l'investit dans l'exhaussement et le respect de ses limites. On retrouve ici la symbolique du paradis et de l'enfer et de leurs anges respectifs. L'ange infernal nous enferme en nous-mêmes, il consomme l'autre, le réduit à lui-même, que cet autre soit le Christ, le Bouddha ou Dieu même. Il instaure le règne du souci, que celui-ci soit narcissique ou mégalomane. Ce souci prend dans l'homme la place faite pour la louange.

L'ange du paradis, au contraire, nous ouvre à l'Autre et nous rétablit en sa Présence. Il ne consomme pas l'Autre, mais communie dans l'Amour à son inaccessible proximité. Il instaure le règne de la louange là où le souci narcissique ou mégalomane tendait à prendre toute la place. Il rétablit l'homme dans l'Amour, c'est-à-dire dans son « être pour l'Autre » ou, dans un langage différent, il rend au moi sa transparence au Soi ; il redonne à l'homme d'être un miroir pour la lumière, une « image de Dieu ».

Le Soi — « Imago Dei »

Peut-on être inspiré par le Soi, ou ce que Jung appelle encore l'*Imago Dei* ? Il convient sans doute de s'entendre par ce qu'on met sous ces termes parce que là aussi beaucoup se diront inspirés ou guidés par le Soi, alors qu'ils ne sont que dans un élargissement, pour ne pas dire une inflation, du moi. A ce propos, Jung remarquait : « Il peut sembler superflu de commenter une fois de plus la différence, constatée depuis longtemps, entre la prise de conscience et la réalisation de soi (individuation). Mais je ne cesse de voir que le processus d'individuation est confondu avec la prise de conscience du moi et qu'ainsi le moi est identifié avec le Soi… Par là, l'individuation devient simple égocentrisme et pur auto-érotisme [1]. »

Jung élaborera sa notion du Soi comme Archétype de l'intégration des opposés (plutôt que de totalité) à partir de son expérience des mandalas, ces images qu'il retrouvait dans de nombreuses traditions, mais aussi dans les rêves et les dessins de ses patients. Des dessins qui indiquent à travers des formes diverses un effort vers le centre, une orientation vers un milieu à partir duquel s'ordonne une figure. Le Soi sera donc posé comme centre inconscient de la personnalité qui à la fois la contient et la déborde, et l'individuation consistera dans la reconnaissance et l'intégration à ce centre. « C'est cela "être entier". La coordination du moi et du Soi réalise la totalité quelles que soient les blessures et les manques car il ne s'agit ni de tout savoir ni

1. Jung, *Les Racines de la conscience*, éditions Buchet-Chastel, 1970, p. 554.

d'être tout, mais d'exister selon une structure où jouent des principes opposés [1]. »

Etre inspiré ou conduit par le Soi, c'est être centré. On reconnaît une parole venant du centre à ses saveurs d'« intégration », de formulation souvent paradoxale ; elle tient ensemble ce que la simple rationalité ou la personnalité consciente auraient tendance à exclure ou à opposer.

Le Soi est le prêtre invisible qui bénit les noces de la belle et de la bête. Il n'est pas la belle comme il n'est pas la bête ; il conduit le désir bestial comme le désir angélique au-delà d'eux-mêmes, à travers leur rencontre jugée impossible ou inacceptable par la conscience.

Dans les rêves, le Soi peut apparaître sous les formes de l'enfant divin que Jung appellera encore l'*Imago Dei*. L'image n'est pas Dieu, elle est son empreinte dans l'homme, comme le Soi n'est pas Dieu, il est la structure par laquelle Dieu s'exprime ou s'imprime dans l'homme.

D'une certaine façon, le miroir est la lumière qu'il reflète et il n'est pas la lumière. Par son reflet, il devient source de lumière lui-même et pourtant il n'est pas la source, il est source dérivée.

Se prendre pour la Source même serait de nouveau inflation. Les mystiques peuvent dire parfois « je suis Dieu », c'est le miroir devenu tout entier

---

1. E. Humbert, *Jung*, Editions universitaires, 1983, p. 126.

lumière, inondé qu'il est par la Source qu'il reflète, et pourtant il n'est pas à strictement parler cette source. Parler du Soi comme étant Dieu est inexactitude, sinon abus de langage. La formulation juste serait de pouvoir dire en une seule phrase comme le Christ lui-même : « Le Père et moi nous sommes Un. Le Père est plus grand que moi. »

Le fleuve et la Source ne font qu'un et pourtant la Source est infiniment plus que ce que le fleuve en exprime. On comprend mieux pourquoi les Pères de l'Eglise appelaient le Christ « archétype de la synthèse ». Il est ce processus à l'intérieur de nous-mêmes qui vise à l'intégration du créé et de l'incréé, du fini et de l'infini, de l'éternel et du temps, du Fils et du Père, de Dieu et de l'homme. Le Christ est l'Image du Dieu invisible, l'Image de Dieu incarné. S'éveiller à ce niveau du Soi nous met en résonance avec la Réalité incarnée et manifestée dans le Christ. Elle nous rend à notre statut d'homme créé « à l'image et à la ressemblance de Dieu ». L'image, c'est l'archétype de la synthèse, la structure capable d'intégrer en nous les contraires ; la ressemblance, c'est la mise en actes ou en corps de cette structure ou de cette synthèse, c'est le processus par lequel l'homme chemine vers son identité plénière. « Fils tourné vers le Père, dans l'Esprit-Saint. » L'Esprit-Saint étant ici ce qui relie le Soi, « archétype de la totalité », à ce qui le fonde.

Dieu — Le Créateur —
L'origine qui ne manque pas — L'Etre

Par Dieu, il faudra entendre ici le créateur du Soi, ce qui fait qu'il y a un homme, et qui plus est un homme à la recherche de son entièreté, plutôt que rien. Le Principe que manifestait le Fils, « visible de l'invisible ». Bien sûr, nous sommes au-delà des dualités conscient et inconscient puisque nous sommes là dans le monde de l'origine et de ce qui les fonde.

Ici l'origine ne manque pas et on a raison de dire que telle ou telle parole — Thora, Evangile, Coran — vient de Dieu puisque toute parole a une origine. Reste à remarquer que cette parole, pour parvenir jusqu'à nous, aura eu de nombreuses couches d'inconscient à traverser : collectif, familial, personnel et elle ne peut pas ne pas en garder quelques empreintes comme le fleuve emporte dans son eau les sédiments de ses rives (de ses limites). Il ne s'agit pas de nier la fraîcheur de la source, il s'agit de constater les pollutions de l'embouchure et de s'étonner que malgré les pollutions, il en arrive encore quelque chose de « potable », d'audible ou de compréhensible à notre humanité assoiffée. Si on a pris soin jusqu'ici de remarquer que tout ce qui se disait par la bouche des inspirés n'était pas Dieu, mais tel ou tel niveau d'inconscient, il s'agit maintenant de relativiser cette information puisque tout a une origine, consciente ou inconsciente, peu importe, rien n'est qui ne soit sans l'Etre, rien qui ne soit réel si ce n'est par participation à la Réalité. Rien n'existe en dehors de l'Etre qui fait Etre, rien n'est sans Dieu. Dieu parle autant par la bouche des fous que par la bouche des sages, cela les sages le savent. Dieu parle autant par la bouche des sages que par celle des fous, cela les fous ne le savent pas. Il n'y a pas d'autre réalité que la Réalité, du moment qu'une chose existe, elle est l'Existence, on ne peut « trouver Dieu ailleurs que partout ». Le chercher ailleurs que partout signe quelques plis pervers de notre inconscient. Ceci étant dit, allons-nous tomber en extase devant les borborygmes du morse enamouré, les murmures de la femme transie, les glouglous du bébé ou le discours « très intelligent » de monsieur le sénateur à l'Assemblée ? Cela pourrait être le cas de ceux « à qui l'origine ne manque pas » et qui savent que tout effet a une cause, une Cause première, que tout mouvement n'est pas mû par lui-même et qu'il faut bien remonter à un « moteur premier » mû par lui-même, un Existant par lui-même existant.

Les textes sacrés des grandes religions sont nés de cette origine qui ne manque pas. Si elle venait à manquer, il n'y aurait pas plus de texte sacré qu'il n'y aurait d'homme ou d'univers. Le problème, c'est que chacune des religions fait de son texte une appropriation de l'origine qui ne manque pas, elle en fait le texte de « son » origine.

De son appréhension relative de l'Absolu, elle fera un absolu et aura tendance à vouloir l'imposer aux autres pour leur bien ou leur salut. S'il est vrai qu'en toute parole, c'est bien l'Etre qui parle et toute parole dans ce sens mérite le respect, il est également vrai qu'en toute parole, ce n'est pas tout l'Etre qui parle et dans ce sens, aucune parole ne mérite l'adoration. Car il faut bien poser la question de « l'Origine de l'origine », de la cause de la cause, de l'Antérieur à l'Etre… Car si à nous l'origine ne manque pas, et ne peut nous manquer tant que nous sommes, puisque nous sommes, l'origine elle-même manque d'origine. De quel non-être l'être est-il causé ?

« Qu'y avait-il avant, avant ? », demande l'enfant pointant son doigt sur la lettre beth (de *bereshit* : à l'origine), première voyelle de la Thora au livre de la Genèse et pourtant lettre seconde de l'alphabet. « Avant, avant, il y avait aleph — l'insondable, l'innommé », pourrait répondre le rabbin. L'enfant serait content parce qu'il aurait obtenu une réponse, le rabbin serait content parce qu'en disant cela il n'aurait rien répondu, il aurait consolé un enfant.

Si l'Etre nous parle à travers les grands textes sacrés de l'humanité, c'est pour consoler les enfants que nous sommes. Nous y trouverons de grands mots que nous prendrons pour des réponses alors que leur sens nous échappe. Et on se fera la guerre avec ce qu'on en a compris, et on fera peut-être la paix autour de ce qu'on en ignore.

Heureusement, la parole la plus saine est la

parole la plus pleine de trous, elle se refuse à toute appropriation.

L'origine la plus sûre n'est pas celle qui nous fonde, qui nous pose dans l'être, l'origine que l'on a, ce n'est pas le Beau et Bon Dieu créateur au nom duquel on peut se tuer les uns les autres, c'est la belle et insondable Déité, l'origine qui nous manque et qui manque à tous nos dieux.

L'Ouvert — La Déité — L'Origine qui manque — L'Autrement qu'Etre.

Maître Eckhart faisait remarquer que de Dieu à la Déité, il y a un abîme. Dieu est une création de l'homme ; ce thème sera repris par Angelus Silésius.

« Dieu sans moi ne peut faire un simple vermisseau. Si je ne me maintiens avec Lui, c'est sa ruine.

Dieu tient à moi autant que Lui m'est nécessaire, je l'aide à soutenir son être et Lui le mien. »

La notion de Créateur est une notion de créature réfléchissant sur son être et sur sa cause, rien de mal en tout cela, étape nécessaire mais non étape finale. Il s'agit d'aller au-delà de Dieu, de tout concept d'origine ou de cause.

Ici, l'inconscient peut être dit vraiment inconscient non par manque d'objet à penser, à venir à la conscience, mais de par sa nature même, et le langage qui tentera d'exprimer en balbutiant cette Réalité ne pourra être qu'apophatique. La Déité ne parle pas, toute parole est parole de Dieu et de l'homme, expression et événement d'être, il n'y a pas d'expression ou de langage pour ce qui est autrement qu'être. Là les prophètes se font silencieux et s'ils parlent, c'est pour nous rappeler au Silence. Comme le dit Ignace d'Antioche, « le Verbe est sorti du silence pour nous ramener au Silence ». De sa sortie, les prophètes dénoncent les verbiages que nous faisons de son passage parmi nous, ils nous invitent au désert où la Présence qui nous parle au cœur nous dégage de tous les mots, mais aussi de toutes les formes. La Présence nous « abîme ». Les échos que nous tenterons de ramener de ces abîmes seront vains. Denys le Théologien, quand il parle, ne nous fait-il pas désespérer du langage ? Ne nous donne-t-il pas envie de nous taire ?

L'Ultime Réel n'a pas de nom et Il a tous les noms. Il n'est rien de ce qui est et Il est tout ce qui est. On ne le connaît que par l'inconnaissance. Toute affirmation comme toute négation reste en deçà de sa transcendance. « Il est le mystère qui est au-delà même de Dieu : L'Ineffable, celui que tout nomme, l'affirmation totale, la négation totale, l'au-delà de toute affirmation et de toute négation [1]. »

L'apophase n'est donc pas seulement une théologie négative. Le Réel est au-delà de ce qu'on en affirme comme de ce qu'on en nie, c'est-à-dire au-delà du fonctionnement duel ou binaire de la psyché : ni ceci, ni cela, autrement qu'Etre. « De Dieu,

1. *Noms divins*, II, 4, PG, 3, 641.

il est impossible de dire ce qu'Il est en lui-même, et il est plus exact d'en parler par le rejet de tout. Il n'est rien en effet de ce qui est. Non qu'Il ne soit d'aucune manière, mais parce qu'Il est au-dessus de tout ce qui est, au-dessus de l'être même[1]. »

Les prophètes nous donnent à entendre la voix de Celui qui Est, les mystiques la voix de Celui qui est autrement qu'être, celui qui n'existe pas. Il ne s'agit pas de préférer une voix à une autre mais de les écouter toutes les deux ensemble (YHWH ne peut-il pas d'ailleurs être traduit par « Je suis qui je Suis », « Je suis celui qui Est » et « Je suis celui qui n'existe pas »).

Il s'agit d'être attentif à celui qui est en nous, qui nous « existensifie », mais aussi d'être attentif à Celui qui n'existe pas en nous, cette vacuité, cet Espace, source et fin de notre souffle d'où vient la vie et où retourne la vie, d'où vient l'Etre et où retourne l'Etre. Cette attitude a l'avantage de nous délivrer de tout fanatisme et de toute idolâtrie. On peut difficilement imposer aux autres l'origine qui nous manque. Et si nous ne pouvons pas nous entendre sur l'origine que nous avons (mon Dieu n'est pas ton Dieu, le Dieu des musulmans n'est pas le Dieu des juifs par exemple), nous pouvons nous écouter sur l'origine qui nous manque (d'où viennent les dieux ou le Dieu dans lequel nous croyons ?). Ce qui s'exprime à travers le « channel

---

1. Jean Damascène, *De la foi orthodoxe*, I, 4.

prophétique » prend des formes de point d'exclamation, ce qui s'exprime à travers le « channel mystique » prend des formes de point d'interrogation.

Ces formes sont celles du channel lui-même, chacun a sa place dans la phrase dont le sens nous éclaire et nous échappe, en attendant le point à la ligne ou le fond de la page, immaculé sous nos rides.

Discernement

Quand on discerne un peu mieux d'où vient une parole ou une inspiration, on est d'abord moins pressé de dire que c'est un saint, un prophète ou qu'il délire, est fou ; on est moins pressé d'enfermer dans des asiles ces « êtres parlants » ou de leur dresser des autels... mais on n'a pas encore dit si cela est bon et utile à des individus, dans une société et un temps donnés et si cela nous parle encore après les siècles d'interprétation qui nous séparent de la parole vive.

Les critères de discernement traditionnels restent toujours d'actualité :

— on reconnaît un arbre à ses fruits,

— la parabole du bon grain et de l'ivraie nous invite également à laisser croître l'un et l'autre, de ne rien arracher jusqu'à la moisson. Si cela vient de Dieu, ça durera ; si cela ne vient pas de Dieu, ça passera. En langage bouddhiste : « Tout ce qui est composé sera décomposé... » Existe-t-il une parole, une phrase, un nom, un mot qui ne soit pas composé ?

Alors accepter de ne pas savoir tout sur ce qui est bien ou mal, cela est bien ou mal selon la personne qui écoute, son oreille « parle » autant que la parole qu'elle entend. Invitation à la patience, à l'humilité, à la sagesse sans doute ? Comme le dit Seung Tsan :

« Si vous voulez voir clairement la vérité, écoutez les opinions favorables et adverses.

Lorsque tu affirmes la réalité des choses, tu manques leur véritable réalité.

Lorsque tu déclares que les choses sont vides, tu nies également leur réalité.

Ne va pas à la recherche de la vérité.

Abandonne seulement les opinions naïves.

Revenant à la racine elle-même, tu trouveras la signification de toutes choses. »

Aurons-nous assez de matière, assez de paroles, assez d'images, assez de souffle, pour faire un visage sous nos masques argilés ?

Oui !

Qui a dit oui ?

3

À PROPOS DU MAÎTRE

Éléments de discernement

SUIVRE QUELQU'UN
SUIVRE UN ENSEIGNEMENT

A propos du terme *sequi*, suivre, nous disions qu'une secte est un groupe d'hommes et de femmes qui « suivent » un maître ou un enseignement. A ce propos, il est à remarquer que Jésus n'a jamais demandé à ses disciples de le suivre ; contrairement aux traductions que nous connaissons dans les Evangiles. Par exemple : « Jésus rencontre Philippe et lui dit : suis-moi » (Jn 1, 43).

Cependant si l'on regarde le texte grec, il n'est pas question de suivre Jésus, mais de marcher avec Lui, d'être, littéralement, son « acolyte » (*acoloutheï moï*). Ieshoua demande à ses disciples de marcher avec Lui, pas de le suivre. « Je ne vous appelle plus serviteurs, je vous appelle amis », ce qui est beaucoup plus exigeant. Marcher derrière quelqu'un, le suivre, c'est d'une certaine façon se dispenser d'être soi-même, démissionner de son Je véritable, se laisser penser et agir par un autre, se cacher derrière lui. Combien de crimes ont été justifiés au nom de l'obéissance ? « Nous ne savions pas », « Nous ne faisions qu'obéir, exécuter les ordres». On est frappé de voir à quel point les plus grands bourreaux ou tortionnaires de l'humanité sont des enfants obéissants !

Jésus connaît ce piège dans lequel Il pourrait entraîner ceux qui ne demandent qu'à le suivre, à le mimer, l'imiter, le répéter. Contrairement au grand inquisiteur, et à un certain nombre de maîtres contemporains, Il ne veut pas les « délivrer du fardeau de leur liberté», Il veut leur révéler la beauté de l'exigence : « Marche avec moi. »

Une autre parole est également trop souvent mal comprise : « Qui ne prend pas sa croix et ne vient pas à ma suite n'est pas digne de moi» (Mt 10, 38). Telle est la traduction de la Bible de Jérusalem, des paroles de Jésus, dans l'Evangile de Matthieu.

Si, à nouveau, nous regardons de plus près le texte grec, nous nous acheminons vers une autre traduction, et cette traduction n'est pas sans implications concrètes dans notre vie quotidienne et notre façon d'envisager le christianisme.

Le mot croix, *stauros* en grec, vient du verbe « se tenir debout» — to *stand*, en anglais, *stehen*, en allemand, instaurer, en français viennent de la même racine.

Prendre sa croix, ce n'est donc pas subir passivement sa vie, se faire l'esclave d'un destin tyrannique, mais c'est lui faire face, se tenir debout, le prendre à «bras ouverts», en être libre, «accepter l'inacceptable », dirait Graf Dürckheim, non pour s'y complaire, mais pour le traverser : passer d'une vie subie à une vie choisie.

C'est là notre première pâque à vivre, le premier passage (*pessah* en hébreu) de la terre rouge (*adamah* en hébreu) vers la terre blanche de notre être éveillé-ressuscité.

« Qui ne prend pas sa croix et ne *vient pas à ma suite* n'est pas digne de moi. » Cette fois la traduction est incorrecte ; dans le texte grec, il n'y a pas de négation (*acoloutheï opiso mou*), ce qui change évidemment beaucoup le sens : « Celui qui ne prend pas sa croix et *marche à ma suite* n'est pas digne de moi ». C'est-à-dire que celui qui se fait le suiveur, ou l'imitateur de Jésus n'est pas digne de Lui. Celui qui se tient « derrière » au lieu de « marcher à côté », au lieu d'être son « acolyte » (*acoloutheï* donnera le mot acolyte) renonce à être lui-même, se décharge de lui-même sur l'autre qu'il suit, il n'est pas digne de « Lui qui Est celui qu'Il est », littéralement il n'a pas de poids propre (cf. le mot *axios*, digne, qui signifie faire le poids), comme le remarque bien Marie Balmary et d'autres interprètes [1].

Et c'est là notre deuxième pâque : arrêter de « suivre » le Christ pour « être avec » Lui. Passer d'une vie imitatrice, suiveuse, à une vie propre.

---

1. Marie Balmary, *La Divine Origine*, éditions Grasset, p. 306 *sq.*

Passer de la parole de l'autre, répétée, incomprise, à la parole de l'autre, intégrée, devenue notre propre parole. Passer du désir de l'autre sur moi, à mon véritable désir, dont je me fais responsable à ses côtés.

De nouveau, il y a là un passage de la terre rouge, vers la terre promise, une pâque qui est le passage du vieil Adam, l'*adamah*, le vieil homme en nous, passage des programmations archaïques de notre paléoencéphale, à une information nouvelle : une vie non arrêtée par l'imitation de l'autre, la répétition du passé, une vie ouverte à l'Inconnu, à l'inouï de l'être non arrêté par la mort.

Celui qui librement n'assume pas son destin, qui ne se tient pas debout *(stabat mater)* face à l'inaceptable, celui qui se fait le suiveur, l'imitateur, le répétiteur de quiconque et n'assume pas sa parole et son désir ne fait pas le poids. Il n'a pas l'insondable légèreté de Celui qui sans cesse passe de « l'être pour la mort » à « l'être pour l'Amor » — de la vie subie à la vie choisie. Son « Je suis » est sans « Je ». Ce Je capable de « donner sa vie » quand tout semble vouloir la lui prendre [1]. Notre « Je » pascal.

C'est ce « Je » pascal, « mort et ressuscité », qu'ignorent beaucoup de sectaires, le réduisant à l'ego, simple paquet de mémoires et de déterminismes, tout à fait capable de se soumettre et de

1. « Ma vie on ne me la prend pas, c'est Je qui la donne » (Jn, 10, 18).

« suivre » ; mais rien n'est transformé, même lorsqu'on dit avoir remis cet ego entre les mains du maître, qui, lui, s'en charge !

Comment un vrai maître spirituel se chargerait-il de notre liberté — il est là pour l'éveiller ! Pour nous en rendre responsables et l'orienter vers le meilleur et le bien-être de tous...

Pédagogiquement, sans doute faudra-t-il commencer par suivre, par imiter, comme un enfant imite son père et sa mère, pour en apprendre la langue et les gestes ; mais viendra le moment où, s'il ne veut pas demeurer infantile, il devra « quitter la maison de son père et de sa mère » et s'éveiller à son propre désir, à sa propre parole. Cela ne se réalisera pas sans une certaine mort au connu, à cet « ego-paquet de mémoire », c'est pour renaître à notre « Je suis » véritable...

Jésus n'a jamais voulu faire de nous des chrétiens, mais d'autres Christ (ce qui est beaucoup plus intéressant) et c'est là un bon critère de discernement : la personne que nous considérons comme notre maître spirituel veut-elle que nous la suivions aveuglément ? Que nous répétions sans rien changer sa parole, et que nous nous conformions à ses désirs ? Ou veut-elle à travers ses enseignements, après la relativisation nécessaire de notre ego, favoriser notre autonomie ? Nourrir notre intelligence et notre parole propre ? Eclairer notre désir, éveiller notre liberté ? En un mot, faire de nous des hommes debout, des amis, plutôt que des esclaves ?

« Je ne vous appelle plus serviteurs, je vous appelle amis... Je ne vous appelle plus serviteurs car le serviteur ignore ce que fait son maître ; je vous appelle amis car tout ce que j'ai appris de mon Père je vous l'ai fait connaître » (Jn 15, 15).

« IL FAUT QU'IL CROISSE ET QUE JE DIMINUE »

Jean-Baptiste, archétype du maître spirituel et du thérapeute authentique

On m'a souvent posé la question : « Comment cela se fait-il que des êtres qui, *a priori*, apparaissent non seulement comme sensés mais pourvus de grandes qualités, parfois même de charisme, deviennent tout à coup mégalomanes, se prennent pour Dieu, pour son Messie, ou pour un envoyé dont la doctrine céleste ne peut plus être sujette à discussions ? »

On me parle alors de Luc Jouret, le médecin homéopathe inspirateur du Temple solaire, de Gilbert Bourdin devenu le « Messie supracosmique » du Mandarom, etc.

A cela, dans un premier temps, je répondrai en évoquant la puissance du transfert : lorsque plusieurs centaines, puis plusieurs milliers de personnes projettent sur vous les qualités de connaissance, de force ou de compassion qui leur manquent, ce que dans la terminologie jungienne on appellera une projection du Soi intérieur non intégré, sur un « moi extérieur » qui en symbolise les qualités, cette projection produit une énergie considérable, et celui qui la reçoit va en devenir malade ; la pire maladie étant de croire à ce que ces centaines et milliers de personnes projettent sur lui. A ce moment, se produit ce que Jung appelle un « processus d'inflation ». La personne sujette à ces projections se prend pour le messie, le prophète que les autres attendent ; il y a identification à l'Archétype. Archétype de l'Homme-Dieu ou de la Grande Mère, archétype de Bouddha ou du Christ.

En hôpital psychiatrique, les trois personnalités les plus fréquemment rencontrées, à côté de quelques pharaons d'Egypte, ce sont le Christ, le Bouddha et Napoléon (Archétypes de l'Eveil, de l'Amour ou de la Force).

Dans l'Evangile, Jean-Baptiste résiste très bien à ce type de tentation : lorsqu'on vient à lui, lui demandant « s'il n'est pas le Christ » (Jn 1,19) il répond « *Non sum* » (Je ne suis pas). Un autre est *Je Suis*. YHWH : « *Ego sum* » ; un autre est l'incarnation de ce « Je Suis » non né, non fait, non créé.

Comme le précise bien le prologue de saint Jean : « Il n'est pas la Lumière mais le témoin de la Lumière. Le Logos est la Lumière véritable qui éclaire tout homme » (Jn 1,8-9). Jésus lui-même se présente comme « Celui qui ne parle pas de lui-même ; Il est envoyé par le Père, tout entier tourné vers Lui ».

Le signe d'un véritable maître, c'est justement qu'il ne se présente pas comme un maître, mais comme un disciple, un serviteur. Il ne s'autorise pas de lui-même. Le moi est pour le Soi ; pour sa manifestation, à son service. Le moi n'a pas à se faire « aussi gros que le Soi », mais par sa transparence et son ouverture permettre son épiphanie.

L'inflation dans laquelle se trouvent pris un certain nombre de maîtres et de gourous peut aussi se comprendre par la puissance du transfert des exigences projetées sur eux ; on ne vous pardonnera pas de ne pas être celui ou celle qu'on voulait que vous soyez.

A des niveaux moindres, nombreux sont ceux qui se laissent prendre par leur rôle social ou religieux. Le juge qui ne sait plus être un père, le mari qui ne sait plus être un amant, le prêtre qui ne sait plus être un homme, la mère qui ne sait plus être une femme, etc. Un peu de lucidité et d'humilité pourrait être le remède, sans doute, mais surtout beaucoup d'intelligence !

« Pourquoi les anges sont-ils beaucoup plus humbles que les hommes ? » demandait un ancien. « Parce qu'ils sont beaucoup plus intelligents. » On comprend alors pourquoi, dans la tradition ancienne, on représentait Jean-Baptiste avec des ailes ; il est en effet l'archétype du maître spirituel : humble parce que intelligent, lucide quant à son être et à son non-être, et alors capable de la joie de ceux qui savent qu'ils ne sont pas « l'Epoux », mais « les amis de l'Epoux ».

L'Epoux, c'est le Logos ; chaque maître spirituel

doit conduire la Psyché à ses noces avec le Logos, l'Intelligence créatrice, mais ne pas se prendre pour cette Intelligence, ni prendre sa place dans le cœur d'un être humain. « Un homme ne peut rien recevoir, si cela ne lui a été donné d'en haut. Vous-mêmes vous m'êtes témoins que j'ai dit : Je ne suis pas le Christ mais je suis envoyé devant lui. Qui a l'épouse est l'époux. Mais l'ami de l'époux qui se tient là et l'entend est ravi de joie à la voix de l'époux. Telle est ma joie et elle est complète » (Jn 3, 27-30).

Telle est la joie d'un authentique maître spirituel ou tout simplement d'un thérapeute, d'un père ou d'une mère de famille. Voir l'autre grandir et vous oublier, sans ingratitude ; cet autre ne se souviendra même plus de tout ce qu'il vous doit simplement parce qu'il sera devenu lui-même et ce que vous lui avez donné est devenu sa propre substance, sa propre façon d'être et d'agir. Ce que vous avez fait, il peut le faire lui aussi, et même mieux et là est votre joie. « Il faut que Lui croisse et que moi je diminue » (Jn 3, 30).

Il faut que le Soi grandisse en lui et qu'il cesse de le projeter sur « moi ». C'est la condition même de son autonomie et de son indépendance. Est-il nécessaire de redire encore qu'un véritable maître n'a pas besoin de disciples, il existe très bien sans eux ; sa joie c'est que vous deveniez ce qu'il est, là où Il est.

« Là où je suis, je veux que vous soyez vous aussi », disait le Christ (cf. Jn 14, 12-13 *sq.*).

Plus prosaïquement, Graf Dürckheim comparait le maître spirituel à une pompe à essence : « Vous allez auprès d'elle pour vous recharger en combustible. Une fois "rempli", ce n'est pas pour que vous tourniez autour de la pompe, mais pour que vous continuiez votre propre chemin ! »

AUTHENTICITÉ ET INFLATION

L'exemple de Pierre comme prophète, délirant et démon

Mais comment expliquer encore qu'un maître authentique qui nous a réellement aidés à nous mettre en chemin puisse à un autre moment se tromper, nous entraîner dans les atermoiements de son propre psychisme et même parfois devenir un obstacle sur ce chemin qu'il avait ouvert pour nous ? L'exemple de l'apôtre Pierre peut à ce propos nous être utile. L'Evangile nous le présente d'abord comme un authentique médium, prophète, capable de reconnaître la Présence du Logos dans cet homme, Jésus, qui marche à ses côtés : « "Pour vous, leur dit Jésus s'adressant à ses disciples, qui suis-je ?" Simon-Pierre répondit : "Tu es le Christ, le Fils du Dieu Vivant." En réponse Jésus lui dit : "Tu es heureux, Simon, fils de Jonas, car cette révélation t'est venue non de la chair et du sang, mais de mon Père qui est dans les cieux" » (Mt 16, 15).

Ainsi Jésus lui-même reconnaît la source de l'inspiration de Pierre, sans laisser de place pour une inflation quelconque car Il précise bien que cette inspiration ne lui vient pas « de la chair et du sang. »

Pourtant Pierre succombera peu de temps après à cette inflation, se croyant inspiré en tout temps ; et là Jésus lui dira que son inspiration ne vient pas du Père, ni même de la chair et du sang, mais de Satan lui-même, auquel il l'identifie :

« Jésus commença de montrer à ses disciples qu'il lui fallait s'en aller à Jérusalem, y souffrir beaucoup de la part des anciens, des grands prêtres et des scribes, être tué et, le troisième jour, ressusciter. Pierre, le tirant à lui, se mit à le morigéner en disant : "Dieu t'en préserve, Seigneur ! Non, cela ne t'arrivera point ! Mais lui, se retournant, dit à Pierre : Passe derrière moi, Satan ! Tu me fais obstacle, car tes pensées ne sont pas celles de Dieu, mais celles des hommes !" » (Mt 16, 21-23).

Ainsi la même personne qui, pour nous, peut être un médium, un révélateur sur le chemin, peut être aussi un obstacle, un *Shatan* qui nous empêche d'avancer. D'où l'importance de demeurer dans la vigilance ; une personne inspirée à certains moments ne l'est peut-être pas toujours… A d'autres moments, elle peut tout simplement délirer, c'est également ce qui est dit à propos de Pierre dans le récit de la transfiguration : « Maître il est heureux que nous soyons ici ; faisons donc trois tentes, une pour Toi, une pour Moïse, et une pour Elie : il ne savait ce qu'il disait » (Lc 9, 33-34).

Ainsi l'Evangile nous prévient : celui-là même que Jésus reconnaît comme inspiré du Père peut parfois être un *Shatan*, ou tout simplement *ne pas savoir ce qu'il dit.*

Cet avertissement nous rappelle de nouveau que nous n'avons à mettre notre totale confiance en aucun maître humain ; celui-ci, à certains moments, peut être tout à fait divin ou tout à fait démoniaque, comme tout simplement humain. Aucun pouvoir, charismatique ou institutionnel, ne peut nous dispenser de ce devoir de dignité vigilante et libre. A la suite de l'Evangile, les Pères du désert rappelleront à leurs disciples d'exercer leur discernement quant à l'origine d'une parole : vient-elle de Dieu, du *diabolos* (le diviseur, l'obstacle) ou simplement de notre intelligence humaine (consciente ou inconsciente) ? Ensuite il faudra s'interroger sur les fruits d'une telle parole. Produit-elle en celui qui la prononce et en ceux qui l'écoutent de l'inflation, de l'inquiétude, de la présomption et une certaine exaltation ? Ou au contraire de l'humilité, de l'amour et de la paix ?

Devant les inspirations et les actes qui vous rendent plus humbles, plus sereins et plus aimants il n'y a rien à craindre : « Le fruit de l'esprit est charité, joie, paix, longanimité, serviabilité, bonté, confiance dans les autres, douceur, maîtrise de soi : contre de telles choses il n'y a pas de loi » (Ga 3, 22).

« TA FOI T'A SAUVÉE »

Ce n'est pas le maître qui guérit

Il est remarquable de voir s'opérer autour de Jésus un certain nombre de prodiges ; et si les gens le suivent ce n'est pas pour la pureté et la densité de son enseignement mais pour ses miracles, guérisons ou autres manifestations merveilleuses.

Ce qui attire encore aujourd'hui un certain nombre de personnes autour d'un maître, ce n'est pas l'authenticité de sa vie, mais un supposé « savoir » ou un supposé « pouvoir » qui pourrait nous soulager, nous guérir, ou qu'il pourrait éventuellement nous transmettre afin que nous devenions guérisseurs, ou célèbres, ou spirituels à notre tour et en faire notre petit commerce.

Jésus n'apprécie pas ce pouvoir de thaumaturge qu'on lui attribue et Il a le grand art de renvoyer chacun à lui-même, le délivrant d'une dépendance possible à son égard. « Voici qu'une femme hémorroïsse depuis une douzaine d'années s'approcha par-derrière et toucha la frange de son manteau. Car elle se disait en elle-même : Si seulement je touche son manteau je serai sauvée. Jésus se retournant la vit et lui dit : Aie confiance, femme, ta foi t'a sauvée. Et de ce moment-là, la femme fut sauvée» (Mt 9, 20). Ta foi t'a sauvée, ou ta foi t'a guérie, en grec c'est le même mot qui indique le salut et la santé : *soteria*.

Donc Jésus rappelle à cette femme que c'est sa foi qui l'a guérie, qu'elle s'est servie de Lui pour se sauver ; en d'autres termes, elle a pu utiliser inconsciemment la force du transfert sur Lui pour obtenir sa guérison. Jésus accepte ce transfert, cette foi que l'on met en Lui, mais ne l'utilise pas pour rendre les autres dépendants de Lui, pour en faire ses disciples ou ses suivants. Il les restitue à eux-mêmes, à la puissance même de leur propre désir. Cela est encore plus explicite à propos de la guérison de la fille de la Cananéenne. « O femme, grande est ta foi ! Qu'il t'advienne selon ton désir : et de ce moment sa fille fut guérie» (Mt 15, 21). Comme si Jésus se montrait non pas comme le Maître du Désir mais son Serviteur. Il est là pour que se réalise à travers Lui ce désir de guérison, ce salut qui habite tout homme.

Les exemples seraient nombreux à citer. « Qu'il vous advienne selon votre foi» (Mt 9, 29), dit-Il encore aux deux aveugles de naissance ; et curieusement nous dit l'Evangile : « Il les rudoya ». « Jésus alors les rudoya : Prenez garde ! dit-Il, que personne ne le sache» (Mt 9, 30). Comme s'Il craignait qu'on Lui attribue le pouvoir de guérison et que de nouveau on vienne « à sa suite », dans une attitude de dépendance et de transfert non résolu.

C'est là pour nous un bon critère de discernement quant à l'authenticité de certains maîtres : se servent-ils de leurs savoir, pouvoir, ou charisme pour nous rendre dépendants d'eux, ou en font-ils une occasion afin que nous puissions découvrir la puissance du désir et de la foi qui nous habitent, et nous remettre en route, libres et indépendants à leur égard.

« Ta foi t'a sauvée » ou « Ta foi t'a guérie » est généralement précédé ou suivi par le mot « Va ». « Ta foi t'a sauvée ; va en paix » (Lc 7, 50).

A ce propos, on demandait à un ancien : « Qu'est-ce que le Tao[1] ? » Il répondit : « Va ! »

1. Ce qui est parfois traduit par : « Qu'est-ce que le Logos ? »

LE DROIT À L'ERREUR

Selon Thomas d'Aquin

Un des disciples de Thomas d'Aquin, grand docteur de l'Eglise catholique romaine, demanda un jour : « Maître, si le pape me demande de faire quelque chose, et que ma conscience me demande de faire autre chose ! Que dois-je faire, à qui dois-je obéir ? »

A chacun son pape, son maître, son gourou, la personne de référence, illustre ou inconnue, qui pour nous représente l'autorité autorisée, sinon éclairée ; pour certains ce n'est pas une personne mais un livre, une doctrine, une Bible, un Coran. Si le Livre sacré me dit de faire quelque chose et que ma conscience, non seulement grince, mais avec sincérité m'indique de faire autre chose ? Qui écouter ? A qui donner ma confiance et mon assentiment ?

Quelle fut la réponse de Thomas d'Aquin, grand maître en théologie et disciple fidèle du siège romain ? « Ecoute la voix de ta conscience en cherchant à l'éclairer. » On peut admirer la sagesse et le bon sens de cette réponse qui pourrait nous aider lorsque nous nous trouvons dans le même type d'interrogation, parfois douloureuse.

« Ecoute la voix de ta conscience. » S'il avait dit : « Ecoute la voix de l'autorité, la voix du pape, contre ta conscience », d'un point de vue psychologique, il n'aurait fait qu'ajouter au trouble de cette personne, la rendre davantage schizophrène, ou d'un point de vue moral davantage hypocrite. Ce qui est la situation de beaucoup de chrétiens ou de soi-disant disciples d'aujourd'hui, qui obéissent aux ordres ou aux consignes sans vraiment les approuver avec l'intelligence et avec le cœur.

Mais Thomas d'Aquin continue : « en cherchant à l'éclairer ». Ecouter la voix de sa conscience ne suffit pas ; celle-ci n'est jamais totalement purifiée et peut être le lieu de toutes sortes d'illusions ou de fantasmes. Elle demande sans cesse à être éclairée. Eclairée par l'analyse, la réflexion propre ou la tradition des anciens. Une fois éclairé, on pourra peut-être donner son accord ou son assentiment à la parole de l'Autorité, le cœur et l'intelligence ayant reconnu la part de vérité qu'elle véhicule.

Ainsi Thomas d'Aquin, avec discernement, ne propose ni l'obéissance aveugle à un ordre établi, ou la démission devant une autorité toute-puissante et respectée, ni la fantaisie où il s'agirait de suivre son petit point de vue, son inspiration, ou même sa révélation, sans chercher à l'éprouver, à l'éclairer.

En résumé on pourrait dire que si cette réponse de Thomas d'Aquin nous donne le droit de nous tromper, elle ne nous donne pas le droit de nous mentir. On peut toujours se tromper, et le pape lui-même, ou notre gourou, ou l'autorité référente comme l'apôtre Pierre peuvent toujours se tromper. Jusqu'à notre mort nous ne cesserons pas de faire des erreurs. Grâce à elles d'ailleurs, si nous savons les reconnaître, nous nous rapprochons de la Vérité.

Mais nous pouvons aussi choisir de ne pas nous mentir, de ne pas aller contre notre conscience ; sans vanité, ni prétention de « détenir la vérité », mais en cherchant avec patience à la découvrir à travers les ambiguïtés et ambivalences de notre condition humaine.

Tu as droit à l'erreur, on peut toujours en revenir. Tu as même droit au mensonge (il y a parfois des mensonges liés à nos peurs et à nos inconscients) ; bien que cela soit plus grave, tu peux toujours t'en repentir. Mais devant un choix, une décision quelle qu'elle soit, aucune autorité ne peut croire, aimer, être libre à notre place.

Arrive un moment dans notre vie, où si nous pouvons encore nous tromper, nous ne pouvons plus nous mentir. Cela demande du courage, car cela n'est pas toujours compris par l'entourage ; cela peut même être condamné par l'autorité ou la doctrine que nous transgressons.

Mais si nous allions contre notre conscience et

contre ce qu'imparfaitement nous tenons pour vrai, nous deviendrions malades, ou nous entrerions dans un malaise qui n'est pas sans évoquer ce qu'en clinique on appelle la dépression.

Thomas d'Aquin ne nous encourage pas à l'erreur, mais au discernement, à la vérification intérieure quant à notre liberté, lorsqu'il s'agit d'adhérer à un enseignement ou à une doctrine.

Accepter de se tromper, accepter de moins en moins de se mentir, quel beau chemin de vie. Passer de la vérité, ou des vérités qu'on a, à la Vérité qu'on est.

APPENDICE

« Dispute » avec les disciples de Moon

Ce témoignage voulait être un document sur lequel pourront réfléchir tous ceux qui s'intéressent au phénomène des sectes aujourd'hui, mais aussi les membres de l'Association pour l'unification du christianisme mondial (AUCM, fondée par Moon) et leurs parents.

En le rédigeant, je me suis efforcé de rester fidèle à deux « principes divins » : celui de la vérité et celui de l'amour, me souvenant de ces lignes de Bonhoeffer : « Il ne peut y avoir de confession de foi sans qu'on dise : à la lumière du Christ, ceci est vrai et cela est faux. Le concept d'hérésie émerge de la fraternité de l'Eglise et non d'un manque d'amour. Un homme agit fraternellement à l'égard d'un autre, s'il ne lui cache pas la vérité. Si je ne dis pas la vérité, je le traite comme un païen, et si je dis la vérité à quelqu'un d'une autre opinion, je lui montre l'amour que je lui dois. »

L'atmosphère de la session

Une association de parents a pu écrire à propos de la secte de l'AUCM dans laquelle leurs enfants avaient été entraînés : « Il existe indiscutablement une discordance entière entre, d'une part, la rapidité de conversion et le fanatisme des adeptes et, d'autre part, l'inconsistance à tous points de vue (doctrinal, philosophique, logique pure) de la pensée de Moon. Les faits nous conduisent donc à affirmer que les jeunes subissent un conditionnement psychologique (type lavage de cerveau, bien codifié depuis la Seconde Guerre mondiale) qui les rend insensibles à toute critique et inaptes à toute autocritique. S'agissant souvent d'étudiants ou de cadres de niveau supérieur, il serait faux d'y voir simple naïveté ou inexpérience. »

C'est après avoir lu cet avertissement et celui de nombreux autres journaux que je suis arrivé à l'AUCM de Vaucresson pour trois jours de « séminaire » qui étaient ainsi présentés : « Nous voulons faire de ces trois jours le plus merveilleux séminaire de votre vie à travers une découverte spirituelle, une recherche intellectuelle et une expression créative : tout cela dans un cadre agréable, avec des personnes formidables. Ce week-end est centré sur les principes de l'Unification en théorie et en pratique. Le programme est réalisé afin que ceux qui y prennent part expérimentent ce qui leur est enseigné… Les hommes sont malheureux parce qu'ils sont égoïstes ; cherchez davantage à donner qu'à prendre ; expérimentez cela et vous connaîtrez le bonheur. Ne soyez plus centrés sur vous-mêmes, sur vos petits soucis et préoccupations, mais soyez centrés sur Dieu et sur les autres : ainsi vous expérimentez la Paix. »

C'est vrai : on expérimente quelque chose qui ressemble à la paix dans cette vaste maison, claire et bien entretenue. Un moment, je me demande si le conditionnement psychologique dont parlent les journaux n'était pas tout simplement le conditionnement propre à tout groupe partageant le même idéal ou à tout groupe vivant de ces « fruits de l'Esprit » dont parle saint Paul (I Co 13, 1 ; Ga 5, 22), et contre de telles choses, il n'y a pas de loi.

Que peut-on reprocher à ces gens qui prêchent l'amour des ennemis et qui semblent vivre entre eux une si joyeuse harmonie ? En plus, me disait-on, « vous êtes libres de dire et de faire ce que vous voulez, de partir quand vous voulez, etc. ; mais... » Il y a quand même un *mais*...

« On ne peut rien comprendre sans une certaine attitude de sympathie ; si vous êtes venus ici malgré les journaux, c'est que vous cherchez la vérité ; si vous écoutez, si vous êtes sincères, vous verrez, après ces trois jours, vous comprendrez : priez le Père pour qu'Il vous montre quelle est Sa volonté ; ouvrez votre cœur et pas seulement votre intelligence et vous entrerez dans la lumière des principes ; si vous ne comprenez pas, priez et Dieu vous éclairera ; vous pourrez ainsi demander conseil à “notre petite maman” pour le week-end. » (Marie-Christine, une jeune fille d’environ vingt-cinq ans, étudiante en médecine, qui a tout laissé — études, famille, etc. — pour entrer à l’AUCM.)

Pour d’aucuns, il suffit de voir ces jeunes gens, propres, polis, calmes, souriants, cherchant par tous les moyens à vous faire plaisir, beurrant vos tartines de confiture et de fromage blanc au petit déjeuner et priant le Père pour que se réalise Sa volonté en vous et dans le monde ; il suffit de chanter avec eux des chants de toutes langues (coréen, allemand, anglais, français) et d’un peu toutes les Eglises, pour ne plus douter d’être ici, à l’AUCM de Vaucresson, aux portes du Royaume[1].

L’atmosphère étant ainsi créée (chants, sourires, clins d’œil, attentions), il s’agit maintenant de se laisser instruire : trois à quatre heures le matin, quatre heures l’après-midi, il n’y a pas de temps à perdre. Déjà on nous dit que nous ne verrons qu’une toute petite partie de l’enseignement des Principes divins et qu’il faudrait rester beaucoup plus longtemps pour comprendre[2].

---

1. L’Association pour l’unification du christianisme mondial est aussi désignée sous les titres de : Les pionniers du Nouvel Age ; L’Eglise de la Réunification.

2. En fait la session parcourt l’ensemble du moonisme, hormis quelques questions relatives à la divinité de M. Moon, la troisième guerre mondiale, la guerre de Corée, la lutte contre le communisme, etc. Ces questions sont peu évoquées et nécessitent, pour être approfondies, une session

SAMEDI	10 h - 13 h 15	Principe de la création.
	15 h - 19 h	La chute de l'homme - but de la venue du Messie.
DIMANCHE	9 h	Message.
	10 h - 13 h	Introduction à l'histoire.
	15 h - 19 h	Les parallèles de l'histoire et les derniers jours.
LUNDI	9 h - 11 h	Les dernières années.
	11 h - 13 h	Conclusions des Principes divins.
	14 h - 18 h	Discussion sur les activités de l'AUCM.

L'enseignement des Principes divins

Très brièvement, je noterai ce dont je me souviens de l'enseignement reçu à Vaucresson. En outre, les pages qui suivent ne sont qu'un écho des multiples discussions qui ont eu lieu durant ces trois jours : elles veulent davantage rendre compte du climat psychologique dans lequel vivent les membres de l'AUCM que de la pensée du mouve-

plus longue où le candidat aura tout loisir de les comprendre. Ce sont précisément ces questions qui gouvernent la pensée de Moon.

ment, qui demanderait une analyse plus rigoureuse.

Première leçon : il s'agit de prouver que Dieu existe. « Ce qu'il a d'invisible depuis la création du monde se laisse voir à l'intelligence à travers ses œuvres », dit saint Paul ; il convient donc de remonter des effets à la cause. Si pour saint Thomas, rien des effets qui ne soit dans la cause, pour Moon, rien de la cause qui ne soit dans les effets : les caractéristiques que l'on trouve dans la création (intérieur et extérieur, haut et bas, avant et arrière, mâle et femelle, etc.) doivent se retrouver en Dieu.

Déjà on peut se demander si c'est l'homme qui est à l'image de Dieu ou bien si c'est Dieu qui est à l'image de l'homme :

« Toutes les choses de la création existent seulement dans la relation réciproque entre les caractéristiques duelles de positivité et de négativité.

« Nous en concluons donc naturellement que Dieu, la cause première de toute la création, existe lui aussi en raison de la relation réciproque entre les caractéristiques duelles de positivité et de négativité » (*Les Principes*, p. 32[1]).

---

1. Nous citons *Les Principes divins*, 2e édition française 1975, sous la mention *Les Principes*. Cet ouvrage se présente sous la forme d'un in-8° relié en noir de 574 pages. L'introduction précise qu'il ne s'agit pas d'un livre de Moon, mais d'une présentation de son enseignement par ses disciples. On court donc le risque de s'empêtrer dans des débats sans fin pour savoir dans quelle mesure une des nombreuses

« L'Univers créé avec Dieu pour centre est semblable à l'homme créé avec son esprit pour centre. L'Univers est un corps organique parfait, créé en totale conformité avec le but de Dieu pour la création. Pour cette raison, l'Univers, en tant que corps organisé, possède son caractère intérieur et l'Univers physique la forme extérieure. C'est pourquoi Dieu dit que l'homme, centre de l'Univers, a été créé comme sa propre image.

« Avant de créer l'Univers, Dieu existait en tant que sujet masculin intérieur et il créa l'Univers comme son objet féminin extérieur. On lit en

---

prédictions qui ne se réaliserait pas est une interprétation d'un disciple de Moon, qui, lui, aura voulu dire tout autre chose. D'ailleurs, le lecteur est prévenu que le traducteur, ayant tenu à conserver la richesse et la saveur du texte coréen, certains passages et expressions seront au premier abord abscons en français. L'ouvrage étant particulièrement long et ardu, en raison d'un répertoire conceptuel souvent inattendu et d'exégèses parfois hallucinantes, articulées par une logique qui a ses lois propres, le lecteur gagnera du temps en commençant par les chapitres finaux (« La fin des temps », « La venue du messie coréen », « La guerre de la Corée contre le Japon », « La guerre du monde démocrate contre le communisme au sein d'une troisième guerre mondiale », etc.) pour remonter vers les chapitres initiaux consacrés à la création et à la chute. L'AUCM diffuse des polycopiés spécialisés en différentes matières (pour la philosophie, c'est *L'Unification de la pensée*). L'AUCM diffuse aussi à la criée une brochure intitulée *Le Nouveau Printemps* qui ne rend aucun compte de l'originalité de la pensée de Moon, voulant donner l'impression que Moon est finalement un chrétien ouvert.

I Co 11, 7 que “l’homme est l’image et le reflet de Dieu”, ce qui confirme cette théorie. Puisque Dieu est le sujet masculin du caractère intérieur, nous l’appelons Notre Père, mettant l’accent sur sa nature masculine» (*Les Principes*, p. 33).

On retrouve là le style propre aux différentes sophistiques : des affirmations claires qui s’enchaînent logiquement tiennent lieu de Vérité. Cette logique est d’ailleurs exclusivement formelle. En fait, les expressions comme «nous en concluons naturellement», «pour cette raison», «c’est pourquoi», «puisque» tiennent lieu de démonstration : il n’est jamais dit sur quoi se fondent les affirmations, ni comment ou en vertu de quoi elles s’enchaînent.

Comme j’émets quelques doutes sur l’honnêteté intellectuelle de ces «principes divins», on me regarde comme un malheureux, je n’ose dire comme un imbécile dont l’esprit borné ne peut saisir la profondeur de telles affirmations.

«Courage, vous comprendrez demain. Quand vous aurez compris, vous sourirez de vos doutes.» Et puis, on ne me le dit pas, mais on me le fait comprendre : s’il y a encore en moi du doute, c’est que je ne suis pas encore totalement délivré de Satan, c’est que je suis encore un «homme chuté», je suis encore sous l’influence du Prince de ce monde, le «Diviseur», celui qui s’oppose. Priez le Père, il vous délivrera de Satan et de vos doutes et il vous conduira dans la Vérité tout entière.

La vérité tout entière m'est maintenant débitée par morceaux, il suffit d'être attentif et de regarder le tableau où Jean, l'instructeur, croquis par croquis, me montre et me démontre que ni Dieu ni l'homme ne sont un mystère.

Vient alors la grande question : Pourquoi Dieu a-t-il créé l'homme et l'univers ? « Chaque fois que Dieu créa un nouvel élément dans sa création, Il vit que cela était bon » (Gn 1, 4-31). « Ceci montre que Dieu voulait que toute Sa création soit faite d'objets magnifiques. En effet, Il voulait ressentir le bonheur chaque fois qu'Il regardait sa création. Dieu créa Adam et Eve, Il leur donna trois grandes bénédictions : être féconds, multiplier et remplir la terre, la soumettre et la dominer » (Gn 1, 28). « Si l'homme s'était conformé à ces paroles de bénédictions, devenant heureux dans le Royaume céleste de Dieu, Dieu aussi aurait éprouvé un grand bonheur… Au commencement l'homme fut créé pour vivre dans le Royaume des cieux sur la terre » (*Les Principes*, p. 49).

Adam et Eve devaient devenir un couple parfait et la première famille centrée sur Dieu ; de celle-ci serait née une nation, puis un monde centré sur Dieu où Dieu seul aurait régné.

Tel est « l'idéal de Dieu » : la Sainte Famille, le couple parfait qui engendre des enfants parfaits dans un monde d'unité, d'harmonie, de joie et de paix, tout au moins c'est là l'idéal de Moon ! Et il suffit de comparer cet idéal avec le monde tel qu'il est pour éprouver une ineffable nostalgie et poser des questions : « Pourquoi ce monde et non pas le Royaume ? Pourquoi le mal, d'où vient le mal ? Qu'est-ce qui a détourné l'homme de la volonté de Dieu ? » Il n'y a pas de question sans réponse. *Les Principes* doivent tout expliquer :

« L'homme est enclin à repousser le mal et à rechercher le bien. Mais inconsciemment poussé par une force du mal, il rejette le bien que son âme originelle désire et se prête à des actes mauvais qu'il ne désire pas réellement faire. Dans le christianisme, cette force du mal est connue sous le nom de Satan. Parce que l'homme ignore la nature réelle et l'origine de Satan, il a été incapable de se débarrasser de la force de Satan. Afin de déraciner la source du mal, de mettre un terme à l'histoire du péché de l'humanité et d'établir une ère de bien, nous devons tout d'abord faire apparaître clairement les motivations de Satan ainsi que la nature de cet être. Dans ce but, nous devons étudier la « chute de l'homme » (*Les Principes*, p. 75).

C'est la chute en effet qui explique d'où vient le mal et le triste état dans lequel nous sommes. Satan souffrait de ne pas recevoir autant d'amour de la part de Dieu qu'Adam et Eve ; il eut, pour se consoler sans doute, des relations sexuelles avec Eve. Eve fut alors sous sa domination ; au lieu d'être centrée sur Dieu, elle se tourna vers Adam, elle le séduisit comme elle-même avait été séduite. « Elle engendre un monde de péché en donnant naissance à une lignée du mal par son sang et sa chair déchus provenant du fruit du mal qu'elle mangea dans son amour centré sur Satan» (*Les Principes*, p. 84).

«A cause de la chute, l'homme n'a pas pu devenir le temple de Dieu; au lieu de cela, il est devenu la demeure de Satan, ne faisant plus qu'un seul corps avec lui. Naturellement, l'homme vint à avoir une nature du mal au lieu de la divinité. Ainsi, il s'ensuivit que les hommes ayant une nature du mal ont établi des foyers, des sociétés, un monde lié au mal. C'est l'enfer sur terre où ont vécu les hommes déchus. Les hommes en enfer n'ont pas été capables d'établir de bonnes relations horizontales entre eux, parce que leur relation verticale avec Dieu était rompue. En conséquence, ils se sont permis des actes faisant du mal à leurs voisins, parce qu'ils étaient incapables d'expérimenter les peines et les difficultés de leurs voisins comme les leurs propres» (*Les Principes*, p. 115).

A ma question : sur quoi vous fondez-vous pour affirmer tout cela, le texte de la *Genèse* si difficile ayant été au cours des âges très diversement interprété, on me répond : «L'Ecriture seule ne suffit pas, ni la Tradition : il faut que Dieu donne lui-même l'interprétation de Sa Parole, il faut qu'Il parle par la bouche d'un saint ou d'un prophète, il faut, après tant de siècles qui ont déformé la Parole, une nouvelle Révélation.»

Tout le monde se doute que «la bouche de

Dieu » qui doit révéler ses secrets n'est autre que la bouche de Moon, mais on ne nous le dit pas encore. A chaque question, on me répond : « Attendez ! Vous comprendrez demain quand vous aurez étudié plus profondément. Priez... » Ainsi il ne s'agit pas d'écouter la Bible et l'Evangile, et à partir des textes d'en dégager le sens. Il ne s'agit pas d'écouter ce que Dieu nous dit à travers l'histoire de son peuple, les paroles mêmes de son Fils et le témoignage de ceux qui ont vu sa Résurrection, il s'agit d'une révélation propre à M. Moon, révélation que celui-ci cherche à justifier à l'aide de l'Ecriture, de se servir de la Parole de Vérité plutôt que de la servir.

L'interprétation qu'il donne est claire, affirmative ; il n'y a plus de mystère (et donc plus besoin de foi) ; il suffit d'être logique. Il faut faire l'expérience de cette Vérité, c'est-à-dire ne plus vivre pour soi-même, vivre centré sur Dieu dans le renoncement et le service des autres.

Ce qui est à remettre en question dans cette secte, ce n'est pas la sincérité de leur vie, c'est la fin pour laquelle peuvent être utilisées cette sincérité et les forces vives de chacun des membres. Nul ne peut nier qu'ils mènent une vie vertueuse, ils se veulent abandonnés à la Providence et ne pensent qu'à accomplir la Volonté de Dieu, en faisant advenir son Royaume sur la terre. Toutes les critiques des parents, de la presse, ne font que les stimuler et les encourager dans leur voie.

« On ne peut être chrétien sans subir des persécutions. Critiques, calomnies sont autant de signes que nous sommes dans la vérité. Regardez les premiers chrétiens, les apôtres, les saints, les martyrs et le Christ lui-même, tout ce qu'il a eu à souffrir de la part des prêtres et des hypocrites. La Vérité sera toujours combattue, les hommes préfèrent les ténèbres à la lumière, mais nous, nous sommes vainqueurs de Satan. Eve ayant donc péché en s'unissant à Satan, toute l'humanité se trouve désormais dans la lignée de Satan. Mais Dieu va envoyer Jésus pour restaurer l'humanité et réaliser avec lui ce qu'il n'a pu réaliser avec le premier Adam. Mais le second Adam (Jésus) tout comme le premier va échouer dans la mission qui lui était confiée, non par sa faute mais par l'incrédulité et l'endurcissement des Juifs.

« Jésus aurait dû être accepté par eux et devenir roi d'Israël. Une nation invincible aurait été constituée où la souveraineté de Dieu serait devenue une réalité. Elle aurait peu à peu soumis le monde entier. »

Que reste-t-il de l'Incarnation et de la Rédemption dans tout cela ? Jésus n'est pas le Fils de Dieu fait chair, il est « un homme qui exprime à 100 % l'amour » et qui veut nous conduire non à participer à la vie même de Dieu, mais à vivre dans je ne sais quel paradis terrestre. Si *Les Principes* de Moon se rattachent à la Bible, que fait-on alors des paroles de saint Jean : « Dieu a aimé le monde au point de donner son Fils unique, pour que quiconque vit et croit en lui ne périsse pas mais ait la vie éternelle » (Jn 3, 16) ?

Dieu s'est fait homme pour nous réconcilier avec lui, et nous donner en partage sa Vie divine. « Dieu s'est fait homme pour que l'homme devienne Dieu », disent les Pères de l'Eglise ; mais tout autres sont pour Moon les motifs de l'Incarnation. « L'idéal de Dieu n'est nullement d'élever les hommes à la vie divine et de les restaurer dans leur capacité d'amitié avec lui ; “l'idéal de Dieu”, c'est que l'homme domine sur la terre. »

Une nouvelle question nous est alors posée : « Etait-ce la volonté de Dieu, lui qui est bon et qui a un idéal de joie et d'harmonie sur la terre, de voir ainsi souffrir le Christ ? » La question étant ainsi posée, on ne peut que répondre : non. Alors pourquoi la croix ? demandent-ils. « La crucifixion n'était pas du tout la mission originelle du Fils de Dieu, mais représente un changement du cours prévu... Jésus ne pouvait pas continuer sa mission primitive, l'établissement du Royaume sur la terre, parce qu'elle exigeait la coopération du peuple. A ce point tardif de son ministère, Dieu demande alors de n'accomplir que le but limité du salut spirituel » (*Les Principes*, chap. IV).

Ainsi la croix n'est nullement dans le Dessein de Dieu, elle n'est due qu'à l'endurcissement des Juifs : c'est un signe d'échec — le ton affirmatif de l'instructeur me déconcerte. Je réponds avec les paroles mêmes de saint Paul : « Je ne veux rien savoir d'autre que Jésus-Christ crucifié, mort pour nos péchés, ressuscité pour notre vie : scandale pour les Juifs ! Folie pour les païens mais Sagesse pour ceux qui croient, car la folie de Dieu est plus sage que la sagesse des hommes » (I Co 1, 17-11).

Ne séparez pas la Croix de la Résurrection : la Croix n'est pas le signe d'un échec, elle est signe de victoire, victoire de l'Amour infini de Dieu sur le péché, le mal et la mort pour nous les hommes et pour notre salut. La Croix est glorieuse. En elle sont cachés tous les trésors de la Sagesse et de la Science : elle est Révélation du cœur même de Dieu, Révélation de l'Amour qui aime jusqu'au bout et qui pardonne, Révélation aussi de la Liberté de l'homme capable de refuser la miséricorde jusqu'au bout.

A cela on me répond, la bouche en cœur : « Vous ne vous êtes jamais posé la question ; si les Juifs avaient accueilli le Christ et son message, que se serait-il passé ? » Je leur cite les paroles mêmes du Christ aux disciples sur le chemin d'Emmaüs : « Esprits sans intelligence, lents à croire tout ce qu'ont annoncé les prophètes ! Ne fallait-il pas que le Christ endurât ces souffrances pour entrer dans sa gloire ? Et commençant par Moïse et parcourant tous les prophètes, il leur interprète dans toutes les Ecritures ce qui le concernait » (Lc 24, 25-27).

Mais Moon interprète les Ecritures d'une autre façon, et là est le problème ! Par exemple, à propos de Jean le Baptiste : « Nous avons appris à travers notre étude de la Bible que l'ignorance et l'incrédulité de Jean-Baptiste entraînèrent l'incrédulité des Juifs, ce qui finalement obligea Jésus à prendre le chemin de la crucifixion. Depuis le temps de Jésus jusqu'à maintenant, personne n'a été capable de révéler ce secret céleste.

« Tout chrétien qui, par communication spirituelle, peut voir directement Jean-Baptiste dans le monde spirituel sera à même de comprendre l'authenticité de toutes ces choses » (*Les Principes*, p. 177).

La leçon continue : « Si les Juifs ne s'étaient pas endurcis, le Christ se serait marié, il aurait eu des enfants et aurait ainsi réalisé l'idéal de Dieu sur la terre. » Je me demande pourquoi le Christ aurait attendu si longtemps pour se marier, si telle était sa volonté : en Orient, ne se mariait-on pas très jeune ? Mais il suffit de jeter un coup d'œil sur la photographie posée sur la cheminée, celle de M. Moon, sa femme et ses enfants : ce que le Christ n'a pas réussi, Moon, lui, l'a réalisé et réussi mais... on ne nous parle toujours pas de lui !

Pourtant le désir de savoir qui réalisera « l'idéal de Dieu » qui, après le Christ, accomplira les Ecritures, qui enfin rétablira le Royaume de Dieu sur la terre ? Autrement dit : qui est le Messie ? Où ? Quand ? Comment ? Reviendra-t-il ? Ces questions sont désormais inscrites au plus profond des auditeurs et il suffira à notre instructeur de montrer, à l'aide de parallèles historiques, en quels temps nous sommes, les derniers temps bien sûr! pour nous faire découvrir que « le Messie est déjà là! ». Priez, répètent-ils, approfondissez *Les Principes* : vous le reconnaîtrez!

« L'empereur Guillaume II, le personnage type Adam du côté de Satan, périt avec la défaite de l'Allemagne dans la Première Guerre mondiale, et Staline, le personnage représentant le Seigneur du Second Avènement du côté de Satan, réalise le monde communiste; cela annonçait que le Christ reviendrait et restaurerait le monde par l'indemnité sur les principes de coexistence, de coprospérité et de cause commune. Nous pouvons ainsi comprendre que la période du Second Avènement commença juste après la Première Guerre mondiale » (*Les Principes*, p. 519).

Nous pouvons aussi ne pas comprendre... mais c'est certain : « Un ange vient du Soleil Levant », le Soleil Levant, c'est la Corée; le messie, c'est M. Moon!

Durant trois jours, les esprits et les cœurs ont été préparés et bien préparés à recevoir cette incroyable, cette incrédible bonne nouvelle! Il n'y a plus qu'à donner son assentiment et à rester encore sept jours ici, à Vaucresson, pour approfondir la vérité des principes.

Un certain nombre de problèmes se posent désormais à chacun des auditeurs, une sorte d'angoisse métaphysique et religieuse les travaille au-dedans d'eux-mêmes. Pourquoi suis-je mauvais ? Qu'est-ce qui me délivrera de Satan ? Qu'est-ce que Dieu attend de moi ? Vais-je résister au Messie ?

Toutes ces questions qui sont propres à l'homme, telles qu'elles resurgissent ici, ne trouveront de réponse que dans les principes de Moon. « L'Eglise n'a pas répondu à tous ces problèmes, ni les hommes politiques, ni les sages… Prie et lis *Les Principes divins*, tu verras. »

J'étais comme toi. Puis j'ai prié, jeûné, étudié, je ne pouvais plus dormir, j'ai demandé à Dieu un signe : je l'ai reçu, et je suis entré dans la « famille ». Tu es sur le chemin, nous prions pour toi… et ce sont les témoignages d'anciens séminaristes, d'étudiants, de militants et de militantes.

L'impossible dialogue

Comme c'est la fête de saint Pierre et de saint Paul, les fondements de l'Eglise de Rome, je leur dis : finalement, il s'agit de savoir en qui on met sa confiance. Moi, je mets ma confiance en Dieu, en son Fils unique Jésus-Christ « venu dans le monde pour sauver les pécheurs dont je suis le premier ». Je mets ma confiance en ses paroles et dans la communauté à laquelle il a confié ses paroles pour qu'elles ne soient pas livrées à la fantaisie de toutes sortes d'interprètes… « Aucune prophétie d'Ecriture n'est objet d'explication personnelle », dit saint Pierre (II P 4, 20). Je veux être en communion avec la foi de Pierre et des apôtres et vivre dans ces communautés où le Christ a promis de demeurer jusqu'à la fin du monde.

Ma foi ne repose ni sur mon expérience personnelle, ni sur un témoignage intérieur, ni sur l'expérience d'un homme aussi saint et sage soit-il, ni sur une Révélation qu'il aurait reçue de Dieu. Depuis les débuts du christianisme, beaucoup se sont dits aussi envoyés de Dieu ! Le point de référence objectif sur lequel on a pu juger de la vérité ou de l'erreur de leur doctrine, c'est la foi reçue des apôtres et transmise jusqu'à nos jours dans l'Eglise, sans interruption.

Vous, vous mettez votre foi dans les principes divins de Moon et votre confiance en ce dernier. Libre à vous ! Sachez, en tout cas, que cela n'en demeure pas moins incohérent du point de vue de la raison, hérétique du point de vue de la foi. Et ce dont vous ne vous rendez pas compte, c'est que vous pouvez être les objets d'une manipulation psychologique [1].

Car quelle est la fin de tout cela ? Où Moon veut-il vous mener ? Cette docilité qu'on développe en vous peut être utilisée à toutes sortes de fins.

---

1. La religion de Moon ne sert aucun thème proprement religieux, mais se sert de toutes les religions (taoïsme, bouddhisme, judaïsme, christianisme). La finalité de tout cela n'est pas (pas même partiellement) religieuse. N'est-elle pas politique ? Et ce, indépendamment de la bonne foi évidente de beaucoup de jeunes membres.

Vous pouvez devenir les petits soldats d'un malade qui exercera par vous sa volonté de puissance et qui semble prêt à déclencher une troisième guerre mondiale [1].

---

1. Voici les prédictions très précises de Moon sur la troisième guerre mondiale :

« La Première et la Seconde Guerre mondiales ont été des guerres pour diviser le monde en deux, le monde de la démocratie et le monde du communisme ; la guerre pour l'unification de ces deux mondes séparés doit venir ensuite. Ceci constitue la véritable Troisième Guerre mondiale. La troisième guerre mondiale se produira donc inévitablement. Toutefois, cette guerre peut être menée de deux façons différentes.

« La première façon consiste à subjuguer et à unifier le côté satanique par les armes. Toutefois, le monde idéal qui doit venir après l'unification, étant celui dans lequel toute l'humanité doit se réjouir, ne sera jamais réalisé en subjuguant l'ennemi seulement extérieurement par l'usage des armes. L'ennemi doit ensuite être subjugué intérieurement et en venir à se réjouir vraiment du fond de son cœur. Pour arriver à cela, il faut une idéologie absolument parfaite qui soit capable de satisfaire le désir de la nature originelle de l'homme.

« La seconde façon de mener cette guerre est de subjuguer et d'unifier le monde satanique directement dans un combat intérieur au niveau de l'idéologie sans aucun combat par les armes.

« Il ne faut pas s'attendre à ce que l'idéologie qui peut conduire l'ensemble de l'humanité vers un seul monde idéal vienne du monde communiste... Toutefois, c'est un fait historiquement prouvé qu'il n'y a pas eu une seule idéologie parmi les nombreuses idéologies qui existent dans le monde

Vous ne parlez que d'amour, d'humilité, de volonté de Dieu, et ce sont là les dépouilles de l'Agneau : mais il y a quelque chose dans votre regard qui ne lui ressemble pas. D'où vient chez vous cette volonté de persuader, d'avoir raison à tout prix, ce souci d'efficacité, et finalement ce peu d'amour de la vérité pour elle-même, ce peu d'amour des personnes pour elles-mêmes, et pas seulement pour leur utilité ou leur adhésion… (Larges sourires…). « Vous pouvez croire, rétorquent-ils imperturbables, ce que vous voulez, si ce que nous disons vient des hommes, ça passera, si ça vient de Dieu, rien ne pourra nous ébranler. »

---

démocratique, capable de subjuguer l'idéologie communiste. Cette idéologie doit émerger maintenant du monde démocratique. Pour que cette nouvelle idéologie puisse apparaître, une nouvelle vérité doit se présenter. Lorsque cette nouvelle vérité établira une base victorieuse dans le monde démocratique et subjuguera l'idéologie communiste, le monde uni sous cette unique vérité sera enfin réalisé » (*Les Principes divins*, p. 511-512).

On lit quelques pages plus bas que cette nouvelle vérité surgira au temps du Second Avènement, de Corée : « Ainsi la nation de l'Orient où le Christ reviendra ne peut être que la Corée » (p. 541). « Dans les derniers jours, le christianisme est la religion finale qui pourra accomplir le but des innombrables autres religions apparues jusqu'à présent. Par conséquent, le Christ, qui doit revenir comme le centre du christianisme, doit accomplir entièrement le but de toutes les religions » (p. 549). Il s'entend que ce christianisme final est la nouvelle vérité.

Ce qui me trouble le plus, c'est que tous semblent incapables de douter que cela ne vienne de Dieu : « C'est bien que vous luttiez, j'étais comme vous auparavant. Mais relisez la Bible ! »

A la fin de la session, un des membres viendra me remercier, parce que mes objections l'ont aidé à approfondir la vérité des principes de Moon.

Malgré tout, j'interroge toujours : Et l'argent de M. Moon, d'où vient-il ? de la C.I.A ? de votre travail de mercenaires ? On me rit au nez :

« Nous aussi, nous lisons les journaux ! L'argent, il n'y en a pas assez ; avec tout ce que veut faire Moon : construire des écoles, des hôpitaux ; vous vous rendez compte, réformer la société ! Pour une fois que les enfants de lumière se montrent aussi habiles que les enfants des ténèbres ! Mais rassurez-vous, nous travaillons et nous gagnons notre vie comme tout le monde. Comme les premiers chrétiens, nous mettons tout en commun et telle est la source de notre richesse. »

Comme je suis las de discuter, je pars faire la vaisselle, mais là aussi la discussion continue. On me demande si j'ai bien compris, si je parviens à bien assimiler. Impossible de se taire : alors je chante. Je ne sais pourquoi, peut-être parce qu'il est 20 h 45, l'heure des Complies au couvent, je chante le *Salve Regina*. Une jeune Vietnamienne s'approche alors de moi :

« S'il vous plaît, ne chantez pas cela.

— Et pourquoi ?

— Parce que, au Vietnam, j'allais chez les Bénédictines et elles chantaient des choses comme ça. Avant de connaître M. Moon et les principes divins, je voulais entrer chez les religieuses, mais maintenant je ne dois pas regarder en arrière. Comme je ne suis pas encore très profonde, je vous demande de ne pas chanter pour m'aider à faire la volonté de Dieu. Ce chant éveille en moi de la nostalgie et c'est mauvais. »

Je lui réponds qu'au contraire, c'est peut-être bon ! Qu'en tout cas, la volonté de Dieu est qu'elle soit libre, libérée de cette espèce d'environnement qui la tient attachée à Moon. Mais je comprends soudain que, dans leur système, je suis en train de jouer le rôle de Satan et que je vais me faire exorciser. En effet, elle connaît la cause du mal et de la division : il faut s'attaquer à la cause de la division et du doute, il faut accuser Satan ; comme Jésus, vis-à-vis de Pierre : « Arrière Satan, car tu m'es un obstacle, tes pensées sont celles des hommes et non celles de Dieu. »

Et puis, on me dit encore : « M. Moon n'est pas venu pour abolir mais pour accomplir. Il est le troisième Adam. »

Invoquer la tradition de l'Eglise, la foi des apôtres, l'Ecriture contre M. Moon, c'est être dans la même position que les scribes et les pharisiens de l'Evangile qui ne comprennent pas. L'un des derniers chapitres des *Principes* de Moon est sur ce point significatif :

« Les chrétiens d'aujourd'hui seront les premiers à persécuter le messie au temps du Second Avènement, comme le firent les disciples du judaïsme au Premier Avènement. Jésus, qui venait pour accomplir les paroles de l'Ancien Testament donné par les prophètes, et sur ce fondement établir un nouvel âge, n'a pas répété simplement les paroles de l'Ancien Testament, mais devait nécessairement donner de nouvelles paroles pour le nouvel âge...

« Les chrétiens aujourd'hui, qui sont prisonniers des paroles de l'Ecriture, vont certainement critiquer les paroles et la conduite du Seigneur du Second Avènement dans les limites de ce qu'affirment les paroles du Nouveau Testament prises à la lettre. Ainsi, il est très clair qu'on peut s'attendre à ce que les chrétiens le persécutent et le traitent d'hérétique » (*Les Principes*, p. 554).

Ainsi durant trois jours, j'ai joué le rôle du parfait pharisien et de l'hypocrite tel qu'on peut le rêver ! Que faire, que dire après cela ? Je leur parle de saint Dominique et des Cathares, de leurs « disputes » qui n'en finissaient pas, jusqu'au jour où ils décident ensemble de soumettre leur doctrine à l'épreuve du feu. Le Credo de saint Dominique se révèle incombustible... Ils sont prêts à tenter l'expérience avec le livre de Moon. Mais moi, je recule devant l'expérience, d'abord parce que je ne suis pas saint Dominique et que je manque de foi, ensuite parce que cela n'a pas converti les Cathares : « Les hérétiques à la vue de tant de prodiges ne voulurent pas alors se convertir à la vraie foi. Ils demeurèrent dans leur malice, s'interdirent rigoureusement les uns aux autres de laisser parvenir jusqu'à nous le miracle en le racontant[1]. » Mais je comprends que l'on puisse recourir à ce genre d'expérience lorsque, arrivé à bout de nerfs et d'arguments, il s'agit de montrer à ceux qui écoutent la dispute où est la vérité ; car le but de chaque week-end est de recruter de nouveaux adeptes de la secte, des pionniers du Nouvel Age.

Après les trois premiers jours, les auditeurs sont en effet invités à rester sept jours de plus, ensuite ce sera les vingt et un jours, puis les cent jours aux Etats-Unis ou en Corée. Pas de doute que le centième jour, le cerveau bien propre, vous serez établis à jamais dans cette grande paix que donne la certitude !

« Nous sommes les seuls, disent-ils, à pouvoir combler les désirs et aspirations de l'homme, intellectuels, moraux et religieux, à pouvoir répondre autant aux besoins physiques que spirituels de l'humanité. Les principes divins rassemblent tout ce qu'il y a de vrai dans toutes les religions et philosophies de l'humanité. Les scientifiques tout comme les hommes de prière y trouveront ce qui peut combler leur appétit de Vérité. Les hommes

---

1. Humbert de Romans, « *Legenda sancti Dominici* », texte traduit par M.-H. Vicaire dans *Saint Dominique et ses frères*, Paris, Cerf, 1982.

d'action et les contemplatifs y sont associés à une même œuvre : établir le Royaume de Dieu sur la Terre ! Enfin une doctrine où sont réconciliés la foi et la raison ! Le ciel et la terre ! L'homme et la femme ! Enfin un genre de vie où s'allient le renoncement et la joie victorieuse ! Enfin… Enfin ! »

A des raisons on peut opposer des raisons, mais que peut-on opposer à une vie qui allie si fortement le sacrifice et l'espoir ? « Nos missionnaires seront persécutés : ils doivent payer une indemnité à Satan, afin d'arracher les hommes de ses griffes ! Mais déjà, nous sommes vainqueurs ! »

Devant de telles paroles, encore une fois, je ne peux m'empêcher de penser à saint Dominique et aux circonstances qui provoquèrent la fondation de l'ordre des Prêcheurs : « En ce temps-là, le serviteur de Dieu, persuadé que le cœur des coupables était plus accessible aux exemples qu'aux paroles, si bien que beaucoup de gens étaient attirés à l'erreur par les pratiques perfides des hérétiques, imagina d'opposer exemple à exemple et de combattre par de vraies vertus des vertus apparentes… Qui donc, même parmi les gens prudents, ne se laisserait au premier abord tromper par de telles personnes ? Qui ne les estimerait très saintes[1] ? »

Saint Dominique et ses frères surent montrer aux hommes de leur temps que l'on pouvait mener une vie aussi pure que celle des Cathares sans être en

1. Pierre Ferrand, « *Legenda sancti Dominici* », in *op. cit*

rupture ou en contradiction avec la foi des apôtres, mais aussi que la perfection n'est pas seulement affaire de pureté, mais d'abord et surtout pratique de la Miséricorde, et que la Vérité n'est pas essentiellement sincérité et force, mais un « donné objectif », don de Dieu, reçu et transmis dans les Eglises.

J'entends la réflexion de plusieurs étudiants que je connais : « Du moment qu'ils sont sincères, du moment qu'ils font du bien ; c'est beau qu'ils croient en Dieu ; que peut-on leur reprocher ? »

Il est vrai qu'on ne peut leur reprocher de croire mais on peut leur reprocher le Dieu en lequel ils croient : Hitler aussi croyait en un Dieu, il prétendait même être en communication directe avec lui et la foule qui entendait le ton de sa voix ne pouvait en douter.

Les moyens sont signes de la fin. Si nous croyons en un Dieu Amour tel que nous l'a manifesté Jésus-Christ, il ne peut nous convaincre de son Amour par aucune technique de persuasion, ni par aucun conditionnement psychologique. La seule chose que Dieu ne peut pas faire, c'est de nous forcer à l'aimer. Dieu ne peut être aimé que par la liberté, quel amour pourrait lui donner une marionnette ? Il a créé l'homme pour en faire son ami, capable non seulement de se soumettre, mais aussi de le tutoyer.

Le moyen que le Christ a choisi pour nous convaincre de l'amour de Dieu, ce n'est ni la parole, ni les prodiges, mais c'est le don qu'il nous fait de Sa propre Vie, c'est sa Croix. Et c'est devant cette Croix que s'exerce la liberté de l'homme. C'est là que l'homme peut répondre oui ou non à l'Amour de celui qui l'a aimé le premier. Et c'est cette Croix que vous refusez, parce que vous avez peur d'être pardonnés, vous avez peur d'être libres, c'est-à-dire de vous reconnaître pécheurs et pourtant infiniment aimés. Vous n'êtes pas les seuls, toutes les idéologies, tous les totalitarismes refusent le réalisme de cette liberté de l'homme, créature capable d'entraver ou de s'unir au dessein de son Créateur. Toutes les idéologies refusent le réalisme de la Croix.

L'Amour s'est révélé plus fort que le péché, que le mal, que la mort. Le Christ est Ressuscité. Il est vraiment Ressuscité ! Ceux qui croient en Lui ne seront pas confondus. « C'est beau tout cela, me répondent-ils, mais vous dites et vous ne faites pas. » Encore une fois, c'est le reproche du Christ aux pharisiens, et chacun de me dire sa déception devant tel ou tel prêtre ou religieux : « Il a ri de mes questions. Il ne m'a pas répondu. Il faisait de beaux sermons, mais il fallait le voir vivre. Vous croyez vraiment que l'on peut encore vivre l'Evangile dans l'Eglise ? Les prêtres eux-mêmes n'y croient plus. Et les scandales des papes ? »

Je réponds : « Certains papes ont pu mener une vie dissolue, cela ne les empêchait pas de dire la Vérité et la foi des apôtres. Bien sûr, l'idéal eût été qu'ils vivent leur foi : il ne sert à rien d'écouter les paroles du Christ, si ce n'est pas pour les mettre en pratique. Mais l'Eglise, c'est l'Eglise des saints et des pécheurs, c'est l'Eglise de ceux qui se sauvent et de ceux qui périssent ; c'est l'Eglise des hommes qui croient et qui espèrent en la Miséricorde de Dieu : ce n'est pas l'Eglise des purs. Vous, vous pouvez reprocher à l'Eglise tout ce que vous voulez : "c'est une prostituée mais c'est ma mère", disait Origène, c'est elle qui nous a transmis les paroles de la vie. Et puis, on ne juge pas un fruit à ses épluchures, regardez le fruit, rafraîchissez-vous à son jus, et laissez les épluchures aux cochons... Les adolescents ne supportent pas d'entraves à leur idéal. Vous êtes des adolescents incapables de supporter la contradiction Vérité-Vie, et vous avez raison dans un certain sens, car cette contradiction est un scandale. Mais l'âge adulte, c'est l'âge de la Miséricorde, l'âge de l'Evangile, l'âge où l'on connaît les limites des choses et des personnes, mais l'âge aussi où l'on devrait regarder ces limites à travers l'amour infini avec lequel le Christ regardait la femme adultère et le brigand perdu à ses côtés. Le mot *idéal* revient sans cesse dans votre bouche, vous parlez même de *l'idéal de Dieu*. Dieu n'est pas idéaliste ou alors c'est un faux dieu. Idéal, idéologie ont la même racine et sont du même ordre qu'idole, idolâtrie. Dieu n'a pas d'idéal : Il aime, Il dit, Il fait. Dieu n'a pas de principes ou s'Il en a, Il les transgresse. Il faut choisir : la Croix ou les principes. Nul ne peut servir deux maîtres, le Christ et M. Moon. »

Alors Jean-Paul, responsable de l'AUCM à Toulouse, a cette phrase significative : « Même si ce n'est pas vrai, du moment que c'est la volonté de Dieu, même si M. Moon n'est pas le Messie, du moment qu'on y croit, du moment qu'on donne sa vie, du moment que je suis sincère, Dieu me guide par la prière. »

Ainsi la dispute ne se fera pas sur des données objectives. Il ne s'agit plus de foi ou de théologie mais d'états de conscience et de sincérité de vie. Cela étant dit, il est toujours facile de dire, rien n'est fait. La faim, la soif de justice et de vérité demeurent et dans un désert tous les mirages sont de l'eau. Il est facile de dire que le monde d'aujourd'hui est un désert et qu'à la soif de pureté, d'amour et d'absolu répondent toutes sortes de sectes comme autant de mirages, mais que vont devenir ces hommes et ces femmes qui se sont donnés à un faux messie ?

Si on leur dit que l'Eau vive est dans l'Eglise et qu'elle n'est pas un mirage, ils nous disent encore : Prouvez-le ! On ne peut croire qu'avec des hommes vivant ce qu'ils croient. « Soyez parfaits comme votre Père Céleste est parfait. » Convertissez-vous. « Soyez Miséricordieux comme votre Père est Miséricordieux. »

Pour leur répondre, il faudrait se convertir… et vivre et garder ferme le dépôt de la foi : car nous savons en qui nous avons mis notre confiance : « Nous savons que le Fils de Dieu est venu et qu'Il nous a donné l'intelligence afin que nous connaissions le Véritable. Nous sommes dans le Véritable, dans son Fils Jésus-Christ. Celui-ci est le Dieu Véritable et la Vie Eternelle. »

« Petits enfants, gardez-vous des idoles » (I Jn 5, 21).

Je m'arrête là.

Il y aurait encore bien des conversations, autour de la piscine, dans les bois, ou sur la pelouse du château, à rapporter ici. Le psychologue et l'éducateur y trouveraient de quoi méditer. Quel type d'éducation ont pu recevoir ces hommes et ces femmes pour être si peu formés au bon sens et au jugement ? Quelle société prépare ainsi les individus à se laisser endoctriner par n'importe quelle idéologie totalitaire ? Il n'y a pas à se condamner ni à se lamenter, mais à considérer notre responsabilité.

BIBLIOGRAPHIE

Bibliographie proposée par le centre Roger Ikor dans *Les Sectes. Etat d'urgence*, Albin Michel, 1996. Cet ouvrage, bien que ne proposant pas de réflexion approfondie sur notre thème, peut être considéré comme complémentaire de celui-ci par les remarques de ses auteurs et l'inventaire d'un certain nombre de sectes actuellement vivantes en France (*note de l'auteur*).

Ouvrages généraux

Bouderlique Max, *Sectes : Les Manipulations mentales*, Chronique Sociale, Lyon, 1990.

Faligot Roger et Kauffet Rémi, *Le Marché du diable*, Fayard, 1995.

Fillaire Bernard, *Le Grand Décervelage*, Plon, Paris, 1993.

Hummel Reinhart, *Les Gourous*, Cerf, Paris, 1988.

Hayat el Mountacir, *Les Enfants des sectes*, Fayard, Paris, 1994.

Ikor Roger, *La Tête du poisson : les sectes, un mal de civilisation*, Albin Michel, Paris, 1983.

Lallemand Alain, *Les Sectes en Belgique et au Luxembourg*, RPO, Bruxelles, 1994.

Vernette Jean, *Les Sectes et l'Eglise catholique, le document romain*, Cerf, Paris, 1986.

Woodrow Alain, *Les Nouvelles Sectes*, Seuil, Paris, 1977.

Monographies

Arnaud Marie-Blanche, *Amour, degré zéro* (AAO), Laffont, Paris, 1980.

Bastian Bernard, *Le New-age, d'où vient-il, que dit-il?*, ŒIL, Paris, 1991.

Blanchet J.-F. et Hesse Nicolas, *Si des témoins de Jéhovah viennent vous voir*, Tégui, Paris, 1991.

Blandre Bernard, *Les Témoins de Jéhovah, un siècle d'histoire*, Desclée de Brouwer, Paris, 1987.

Braconnier Olivier, *Radiographie d'une secte au-dessus de tout soupçon* (Saint-Erme), Cerf, Paris, 1987.

Boyer Jean-François, *L'Empire Moon*, La Découverte, Paris, 1986.

Darconda Julia, *Voyage au centre de la secte* (Scientologie), Trident, Paris, 1987.

Deliège J.-F. et Brewaeys P., *Ecoovie, le mic-mac des services secrets*, EPO, Bruxelles, 1990.

Faubert Serge, *Une secte au cœur de la république* (Scientologie), Calmann-Lévy, Paris, 1993.

Gilette Alain, *Les Mormons théocrates du désert*, Desclée de Brouwer, Paris, 1985.

Guindon Ken, *Les Témoins de Jéhovah, l'envers du décor*, Téqui, Paris, 1990.

Hervé Jeanine et C. Marie-Christine, *Confessions d'une enfant de Dieu*, La Duraubée, Paris, 1988.

Ikor Roger, *Je porte plainte* (Zen Macrobiotique), Albin Michel, Paris, 1981.

Miller Russel, *Ron Hubbard, le gourou démasqué* (Scientologie), Plon, Paris, 1993.

Ranc Paul, *Une secte dangereuse : la Scientologie*, Contrastes, Suisse.

De Smedt Marc, *La Porte oubliée, du bon sens dans la quête du sens*, Albin Michel, 1993.

Vernette Jean, *Le Nouvel Age*, Téqui, Paris, 1990.

Vernette Jean, *Occultisme, magie, envoûtement*, Salvador, Mulhouse, 1986.

TABLE

« Espaces libres »
au format de poche

DERNIERS TITRES PARUS

50. *La Psychologie de la divination*, de M.-L. von FRANZ.
51. *La Synchronicité, l'âme et la science*, ouvrage collectif.
52. *Islam, l'autre visage*, d'Eva de VITRAY-MEYEROVITCH.
53. *La Chronobiologie chinoise*, de Pierre CRÉPON et Gabriel FAUBERT.
54. *Sentences et proverbes de la sagesse chinoise*, choisis et adaptés par Bernard DUCOURANT.
55. *Vivre. Paroles pour une éthique du temps présent*, d'Albert SCHWEITZER.
56. *Jésus fils de l'homme*, de Khalil GIBRAN.
57. *Les Chemins du Zen*, de D.T. SUZUKI.
58. *Le 3e Souffle ou l'agir universel*, de Jeanne GUESNÉ.
59. *Le Testament de l'Ange. Les derniers jours de Gitta Mallasz*, de Bernard MONTAUD.
60. *Confiteor*, de Bernard BESRET.
61. *Les Mythes de l'Amour*, de Denis de ROUGEMONT.
62. *La Place de l'homme dans la nature*, du père TEILHARD DE CHARDIN, présenté par Jean ONIMUS.
63. *Communiquer pour vivre*, ouvrage collectif sous la dir. de Jacques SALOMÉ.
64. *Accroche ta vie à une étoile*, de Stan ROUGIER.
65. *Du bon usage des crises*, de Christiane SINGER.
66. *Parole de terre. Une initiation africaine*, de Pierre RABHI.
67. *J'attends Quelqu'un*, de Xavier EMMANUELLI.
68. *Désert, déserts*, de Jean-Yves LELOUP.
69. *Le Graal*, de Jean MARKALE.
70. *Ultimes paroles*, de KRISHNAMURTI.
71. *Moïse raconté par les Sages*, d'Edmond FLEG.
72. *Le Doigt et la Lune*, d'Alexandro JODOROWSKY.
73. *Thé et Tao, l'art chinois du thé*, de John BLOFELD.
74. *L'Égypte intérieure ou les dix plaies de l'âme*, d'A. de SOUZENELLE.
75. *L'Au-delà au fond de nous-mêmes. Initiation à la méditation*, d'A. et R. GOETTMANN.

76. *Le Soleil d'Allah brille sur l'Occident*, de S. HUNKE.
77. *Le Livre des prénoms bibliques et hébraïques*. de M.-A. OUAKNIN.
78. *Le Chant de l'Être*, de S. WILFART.
79. *La Parole au cœur du corps*, entretiens avec J. Mouttapa, d'A. de SOUZENELLE.
80. *Henri le Saux, le passeur entre deux rives*, de M.-M. DAVY.
81. *La petite Sainte Thérèse*, de M. VAN DER MEERSCH.
82. *Sectes, Églises et religions, éléments pour un discernement*, de J.-Y. LELOUP.
83. *À l'écoute du cœur*, de Mgr MARTINI.

La composition de cet ouvrage a été réalisée par l'Imprimerie BUSSIÈRE, l'impression et le brochage ont été effectués sur presse Cameron dans les ateliers de Bussière Camedan Imprimeries à Saint-Amand-Montrond (Cher), pour le compte des Éditions Albin Michel.

Achevé d'imprimer en janvier 1998. N° d'édition : 17057. N° d'impression : 2220-1/3375. Dépôt légal : janvier 1998.